cer pendejo
endejete
ste pendejo!
ntonto pendejar
entonto
ar en la pendeja
endejear
apendejar
rependejo
pendejon
penderejil
un pendejal de...
dejar de pen
pendejismo penitente
pendejete
dejar de...
¡está bien pendejo!
pendejamente
salir con pendejadas
¡oye a este pendejo!
rependejo
hazte pendejo!
hacerse pendejo
por pendejo
traer de su pendejo
pendejon pentonto
pendejo
pendejito
un pendejal de
¡oye a este pendejo!
pendejamente
apendejar pendejez
¡este pendejo!
salir con pendejadas
¿a dónde vas con esa pendejada?
un pendejal de...
¡este pendejo!
gustos pendejos
pendejear estar en la pendeja
pendejito
pendejez
penderejil
pendejez
pendejadita
pentonto
estar en la pendeja
apendejar
rependejo
gustos pendejos
¡está bien pendejo!
pendejismo
rependejo
pendejez
pentonto
penderejil
pendejamente estar en la pendeja
hacer pendejo pentonto
pendejete penitente
pende
ndejar pendejada pende

EL

PENDEJONARIO

DICCIONARIO DE
PENDEJOS Y PENDEJADAS

Afectuosamente

Elsie

2/u/22

EL

PENDEJONARIO

DICCIONARIO DE
PENDEJOS Y PENDEJADAS

Fernando Montes de Oca Sicilia

en colaboración con
don Justo Flores Muñoz
fundador del Partido Autónomo de Pendejos —PAP—

Grijalbo
algarabía EDITORIAL

El pendejonario

Diccionario de pendejos y pendejadas

Primera edición: septiembre, 2017

D. R. © 2017, Fernando Montes de Oca Sicilia

Coedición:
Editorial Otras Inquisiciones, S. A. de C. V.
Penguin Random House Grupo Editorial, S. A. de C. V.
D. R. © 2017, Editorial Otras Inquisiciones, S. A. de C. V.
Pitágoras núm. 736, 1er piso, Col. Del Valle, Del. Benito Juárez,
C. P. 03020, México, Ciudad de México

D. R. © 2017, derechos de edición mundiales en lengua castellana:
Penguin Random House Grupo Editorial, S.A. de C.V.
Blvd. Miguel de Cervantes Saavedra núm. 301, 1er piso,
Col. Granada, Del. Miguel Hidalgo, C. P. 11520,
México, Ciudad de México

www.megustaleer.com.mx

ISBN: 978-607-315-689-9

Impreso en México – *Printed in Mexico*

Impreso en los talleres de Litográfica Ingramex, S.A. de C.V.

El papel utilizado para la impresión de este libro ha sido fabricado a partir de madera procedente
de bosques y plantaciones gestionadas con los más altos estándares ambientales, garantizando
una explotación de los recursos sostenible con el medio ambiente y beneficiosa para las personas.

Penguin
Random House
Grupo Editorial

ÍNDICE

Presentación 9

Introducción 11

Tipologías 15

Sobre lo pendejo y sus derivados 195

Más allá de lo pendejo 199

Horóscopos 205

Pendefrases de gente famosa 218

Frases populares.............................. 224

Canciones 228

Citas literarias 232

Frases que hicieron historia................ 238

Presentación

> —*Mi amor, hoy me dijeron una gran frase:*
> «*El que encuentra un pendejo, encuentra un tesoro*».
> —*¡Qué buena frase! Y ¿quién te la dijo, tesoro?*

Los pendejos son tantos y la pendejez nos rodea por todos lados, que es parte imprescindible de nuestra vida diaria; estamos inmersos en un mundo donde los pendejos abundan, nos gobiernan, nos hacen trastadas y hasta nos hacen dudar de nuestra propia inteligencia.

Es por ello que Algarabía y el Partido Autónomo de Pendejos —PAP— se han dado a la tarea de hacer este diccionario que, para usted, querido lector, será un tesoro.

Un tesoro, porque al fin vamos a explicar la pendejez en todos los sentidos. Hemos recopilado el campo semántico de la pendejez, desde el adjetivo «pendejo» en sí mismo, hasta sustantivos claves como el «pendejo autónomo» o el «pendejo monárquico»; pasando por adverbios como «pendejamente», verbos como «pendejear»; frases hechas: «amor de lejos es de pendejos»; dichos: «pendeja la madre, pendeja la hija, pendeja la madre que nos cobija», y otras miles de pendejadas más.

El pendejonario, como buen jijo de *El chingonario* tiene el estilo de Algarabía, es un diccionario hecho y derecho, formado con lexicografía exhaustiva y con ejemplos cotidianos que ilustran claramente los términos. Es un diccionario de uso, y para usarse está, ahí se lo dejamos.

pendejo
pendejete
¡este pendejo!
entontopendejar
pentonto
estar en la pendeja
pendejar
dejar de pendejear
pendejismo
pendejez pentonto
penitente penitente
¡está bien pendejo!
pendejamente
salir con pendejadas
¡oye a este pendejo!
rependejo
apendejo
hazte pendejo
hacerse pendejo
por pendejo
traer de su pendejo
pendejón pentonto
pendejo
pendejito
pendejón
penderejil
un pendejal de...
dejar de penitente
pendejismo
pendejete
penitente
rependejo
un pendejal de...
¡oye a este pendejo!
pendejamente
apendejar pendejez
¡este pendejo!
salir con pendejadas
¿a dónde vas con esa pendejada?
un pendejal de...
¡este pendejo!
gustos pendejos
estar en la pendeja
pentonto
rependejo
pendejez
penderejil
pendejadita
pendejez estar en la pendeja
apendejar
rependejo
pentonto
penderejil
gustos pendejos
¡está bien pendejo!
pendejismo
pendejamente estar en la pendeja
hacer pendejo pentonto
pendejete penitente
pende
pendejar pendejada pende

Introducción

Si no podemos estar rodeados sólo de situaciones y personas inteligentes, gracias a los *pendejos*, es necesario que la lengua nos ofrezca un modo de hacer menos difícil nuestra circunstancia con vocabulario creativo que aligere la carga; aunque en la actualidad la palabra *pendejo* se usa como insulto, es relativamente sencillo intuir el matiz sexual que tenía su significado, pues etimológicamente proviene de la palabra latina *pectiniculus*, «vello púbico» o «pelo anal»; en algunos lugares de América Latina posee acepciones que indican desde «cobardía» —Cuba— hasta «promiscuidad», y también «inmadurez».

En la mayoría de los países de habla hispana es un sinónimo de «estúpido». El término tiene una alta connotación ofensiva en Cuba, México y Puerto Rico. En Argentina, Chile y Uruguay se emplea para llamar de una manera despectiva a los chicos y adolescentes, mientras en el Perú se emplea para referirse a una persona taimada.

En México utilizamos *pendejo* para aquella persona que hace cosas tontas, estúpidas; por ejemplo, si un conductor le avienta el automóvil, usted le grita que es un *pendejo*. También lo utilizamos para burlarnos del prójimo, es decir, si a su mejor amigo su novia le fue infiel, le decimos que «ya lo hicieron *pendejo*».

Esta palabra tiene múltiples formas que se adaptan según la necesidad del momento para permitirnos ampliar el campo de lo *pendejo* a sus máximas expresiones. Este diccionario recopila el mayor número de ellas.

Tipologías

Tipologías

Hemos hecho una selección inicial de diferentes tipos de pendejos, misma que se presenta en orden alfabético; esta lista bien podría incrementarse día con día gracias a la aportación voluntaria de nuestros agremiados —PAP— o de usted mismo, querido lector.

Este corpus se ha formado con la convicción absoluta de que todos llevamos un pendejo dentro y, en consecuencia, de cumplir con la obligación de *hacerse pendejo* por lo menos una hora al día; sin embargo, entre más temprano nos levantemos, obviamente más pendejadas podemos hacer.

¡Todos somos pendejos!... Aquellos que crean que no lo son, en realidad son pendejos o muy *ignorantes* o muy *optimistas*.

«Dicen que para *pendejo* no se estudia, pero yo conozco algunos que están muy preparados.»

pendejo...

a fortiori —*Ad ovo*, a huevo, también.
El que de todos modos es pendejo.

a la medida.
Quien no es más pendejo porque no es más grande.

a posteriori.
Al que una vez que lo conocemos no nos queda duda de que es un pendejo.

a primera vista.
Es ese pendejo que al sólo verlo, convence. No necesita ni hablar porque su cara lo delata.

a priori.
El que desde antes de conocerlo ya tenemos idea de que es pendejo.

aberrante.
El que hasta para hacer pendejadas es pendejo.

abierto.
Quien no tiene empacho en hacer y/o decir pendejadas frente a otros.

abochornante.
Aquel que provoca pena ajena con sus pendejadas.

abogado.
Pendejo por derecho.

abrumado.
Al que le preocupa sobremanera la carga excesiva de sus pendejadas.

abrumante.
El que agobia con tanta pendejada.

absorto.
El que se enfrasca en sus pendejadas.

abstemio.
Quien es pendejo pero no ejerce.

absurdo.
El que carece de toda lógica y fundamento en la realización de sus pendejadas.

abúlico.
Hace pendejadas sin apuro, pareciera que hasta le falta energía y voluntad.

pendejo *ad hoc*
A la medida.

abultado.
Quien retiene tal cantidad de pendejadas, que parece pez globo.

abusado.
El que es muy hábil haciendo pendejadas.

abusivo.
Abusa de ser pendejo.

acabado.
Pendejo completo, consumado.

académico.
Quien tiene tesis de sus pendejadas.

acanallado.
Dícese del pendejo que tiene los defectos del canalla.

accidental.
Pendejo casual, provisional.

achichincle.
Pendejo que acompaña a un pendejo superior y sigue sus órdenes.

aclamado.
Pendejo reconocido por todos.

acompañante.
Testigo incausante de las pendejadas, el que es pendejo sólo por juntarse con pendejos.

acomplejado.
El que se siente de menor valía que otros pendejos, sin reconocerse como un pendejo.

ad libitum.
El que está a gusto con su pendejez, y no le importa que se le note.

adicto.
Aquel que tiene el hábito compulsivo de consumir todo tipo de pendejadas.

adulador.
Quien alaba en exceso las pendejadas de otra persona, sin darse cuenta de las propias.

aficionado.
El que practica por gusto alguna actividad pendeja.

afortunado.
El que siempre se sale con la suya en todas las pendejadas que comete.

agraciado.
El que por lo menos cae bien con tanta pendejada.

agringado.
El que cree que las pendejadas del gabacho son de mayor calidad e intenta copiarlas.

pendejo autónomo

El que realiza toda clase de pendejadas sin consultar a nadie.

aguafiestas.
El que sus pendejadas desaniman a los demás para cometer las suyas.

aguerrido.
Quien es valiente y persistente en la competencia de pendejadas.

ahorrativo.
Ese que guarda sus pendejadas para cuando las necesita.

airoso.
Lleva a cabo sus pendejadas con éxito o lucimiento.

al cubo.
Pendejo a la tercera potencia. Se da del resultado de multiplicar pendejada por pendejada por pendejada. / El que resulta de multiplicar tres veces sus mismas pendejadas.

alcancía.
Aquel pendejo cerrado, con ranura, para depositar pendejadas.

alegre.
El que se ríe de cualquier pendejada.

alivianado.
Aquel que se comporta de manera tolerante y libre de prejuicios sobre las pendejadas ajenas.

alma vieja.
Persona cuyo grado de pendejez es superior al que le corresponde de acuerdo a su edad.

alternativo.
El que pone en práctica sus pendejadas para sustituir las de otro pendejo que no está disponible.

altruista.
Quien quiere ayudar a todos con base en sus pendejadas.

amaestrado.
Pendejo salvaje a quien se educó para hacer pendejadas más civilizadas.

amarrete.
El que siendo un gran hacedor de pendejadas, se resiste injustificadamente a compartirlas.

amateur.
Alguien que no recibe ningún sueldo por cometer sus pendejadas.

ambicioso.
Aquel que sueña con llegar a ser un gran pendejo.

ambulante.
Quien va esparciendo sus pendejadas mientras camina.

El que se hace amigo de todos los pendejos.

Hay que recordarle que es pendejo, porque se le olvida.

Al que un juez le ha protegido sus derechos como pendejo, ante una pendeja autoridad.

El que no ordena sus pendejadas.

El que se va por bulerías haciendo sus pendejadas.

Quien es impulsado, por otro pendejo, para que se esfuerce en realizar pendejadas propias.

Aquel que practica sus pendejadas con alguna deficiencia o anomalía.

Pendejo muy antiguo.

El que ya era pendejo antes del apendejamiento mayor.

El que ni a punta de plomazos deja de hacer pendejadas.

Quien realiza pendejadas de épocas pasadas.

El que con el tiempo se hace más pendejo.

Al que se le huele lo pendejo a leguas.

Quien es muy cumplido y por eso realiza sus pendejadas a tiempo y de manera estudiada.

El más pendejo de todo el mundo, según él.

Gobierno de pocos, pero pendejos.

Dícese de un pendejo que no fue lo suficientemente macho para ser ingeniero, ni lo suficientemente maricón para ser decorador.

El que transforma materiales e ideas en representaciones y objetos de verdad pendejos.

Parecido a lo que es propio de señor o señora, pero que en realidad es propio de pendejos.

Quien es muy atinado para perjudicar a otros con sus pendejadas.

Es el que sabe que cometió una pendejada y la considera de nuevo. / Quien después de larga contemplación, se convence de la misma pendejada.

El que no tiene ningún síntoma, pero es pendejo.

astuto.
Quien cree que a todo mundo agarra de su pendejo.

atómico.
Está compuesto por un núcleo pendejo y un conjunto de pendejos que se mueven alrededor de él.

auditivo.
Aquel pendejo que se echa un pedo y se levanta a ver quién toca.

ausente.
Quien parece no estar presente en sus pendejadas.

auténtico.
El que se presenta y manifiesta realmente como es: un pendejo.

autóctono.
Quien se desarrolla como pendejo en el mismo lugar donde nace.

autodidacta.
Aquel que ha aprendido por sí mismo a hacer pendejadas sin la ayuda de algún maestro pendejo.

automático.
El pendejo que se da cuerda solo.

autorregulable.
Quien reconoce hasta dónde se puede ser pendejo.

avalista.
Es un pendejo con pluma que da su firma con mucha facilidad.

avezado.
Quien se regocija de poseer gran experiencia como pendejo.

axiomático.
Alguien de quien no puede ponerse en duda su condición de pendejo porque se le nota en cada milímetro de su ser.

Expresiones

¡ah, pa' pendejo/a!

Alude a la ineficiencia o torpeza de alguien.

¡*Ah, pa' pendejo* con el que estás saliendo!, no ha conseguido trabajo todavía.

¿adónde vas con esa pendejada?

Objeto de poco valor.

Te dije que no agarraras esa caca, Arturo, *¿adónde vas con esa pendejada?*

-A-

a qué viene tanta pendejada

Asombro que produce una sucesión vasta de acciones absurdas o inútiles que no son relevantes, pero incomodan.

No entiendo *a qué viene tanta pendejada,* sólo tenías que mandar un correo y ya.

a lo pendejo

Expresión equivalente a 'a lo tonto'. Designa todas aquellas acciones realizadas sin aprender ni calcular los efectos.

No puedes salir en la obra de teatro *a lo pendejo,* sin aprender ni ensayar las escenas.

a ver esa pendejada

Cualquier objeto de poco o escaso valor.

A ver esa pendejada que llevas ahí,
¿es mi tarro de Miguelitos?

andar de pendejo/a

Mantener constantemente una actitud estúpida, absurda,
fuera de lugar, o simplemente tonta.

Cómo te gusta *andar de pendejo* con las
del almacén; si se entera tu esposa...

¡ándele, por pendejo/a!

Expresión enfática que busca recalcar la consecuencia lógica de lo estúpido de algo o alguien.

¿No que no?, *¡ándele, por pendejo!* Todos te dijimos que estaba casada, pero tú eres un necio.

ay, estamos bien pendejos/as

Sentencia de resignación —fingida— que sigue tras notar alguna conducta tonta o comportamiento poco inteligente.

—¿Te das cuenta que acabamos de jugar a las escondidillas en plena oficina?
—Es verdad, mano... *Ay, estamos bien pendejos.*

«El que da dinero manda, y el que no, de *pendejo* anda.»

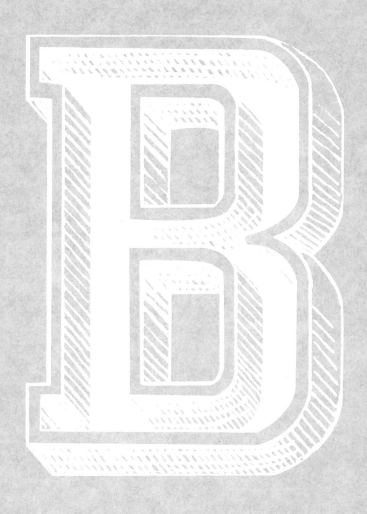

pendejo...

baboso.
Es aquel que se sienta en la tina y «suelta aires» para entretenerse con sus burbujitas. / Pendejo que aún no controla la baba.

bacardí.
Quien sólo es pendejo cuando se mezcla con otros.

baldío.
El que está vacío y ocioso, y no aprovecha las pendejadas que hace.

barroco.
Quien adorna sus pendejadas de manera exagerada.

básico.
Un pobre pendejo que apenas hace pendejadas de kínder.

beligerante.
Aquel que está en guerra hasta con sus propias pendejadas.

bíblico.
A quien se le considera una autoridad fundamental entre un grupo de creyentes igual de pendejos que él.

bilateral.
El que por un lado es pendejo, y por el otro, también.

bipolar.
El que va alternando sus pendejadas maniáticas con sus pendejadas depresivas.

bobo.
El que por falta de cacumen realiza únicamente pendejaditas que lo dañan sólo a él.

borracho.
Quien tiene los sentidos perturbados temporalmente a causa de sus pendejadas.

botana.
Alguien a quien todos agarran de su pendejo.

boy scout.
Un niño vestido de pendejo, comandado por un pendejo vestido de niño.

bucólico.
El que idealiza las pendejadas que se cometen en la vida campirana.

pendejo brasileño

Aquel que hace todo un carnaval sólo para demostrar que es bien pendejo.

bueno
Dícese de quien navega con bandera de pendejo —mustio.

buenmozo.
El que es guapo ¡pero pendejo!

bullicioso.
A quien siempre cachan por sus pendejadas escandalosas.

bulto.
El que sirve como almohadilla de segunda base por su exceso de pendejadas.

burócrata.
Quien hace las pendejadas en un horario que va de las 9:00 a las 18:00 hrs., de lunes a viernes, excepto en el *coffee break.*

Expresiones

¡basta de pendejadas!

Expresión enfática y tajante que da por terminado un periodo
de tonterías o estupideces.

Fue la última vez, *¡basta de pendejadas!*
O dejas de salir de parranda entre semana
o me voy.

bien que se hizo pendejo/a

Hacerse tonto.

—¡Estoy harta! Le dije a Pedro que bañara
al perro y *bien que se hizo pendejo*, lo voy
a regalar.
—¿Al perro?
—No, a Pedro.

-B-

bonita pendejada

Expresión sarcástica para contener el coraje, consecuencia de alguna estupidez.

 —No terminaste ni la prepa y ya saliste panzona, *bonita pendejada*, Mildred.

bueno/a de pendejo/a

Reproche irónico que hace todo lo contrario a lo que se esperaba.

¡Ay, Pablito!, lavaste los trastes y quedaron sucios… estás *bueno de pendejo*.

«El que es *pendejo*
ni de Dios goza.»

pendejo...

cabrón.
El prepotente que hace
cabronadas en perjuicio de
pendejos porque piensa que
son más pendejos que él.

cadáver.
Pendejo que ya no lo será más.

cafre.
Pendejo al volante.

camarada.
Quien siempre hará segunda para
acompañar a otro y este último
no quede como el único pendejo.

campana.
El que es tan, tan, pero tan
pendejo…

campeón.
Al que nadie le gana en hacer
o decir pendejadas.

candidato.
Individuo con poca capacidad
intelectual, que obtiene dinero
de los pendejos ricos, y votos de
los pendejos pobres, para proteger
a unos de los otros.

caótico.
Es el que ha roto el equilibrio
y el orden de sus pendejadas.

capitalista.
Propietario de los medios
de producción de pendejadas,
de las que obtiene ganancias.

cara.
El que es normal, pero tiene cara
de pendejo.

cartesiano.
El que piensa y luego es pendejo.

casual.
Aquel que produce pendejadas
de forma accidental.

catastrófico.
Aquel cuyas pendejadas dejan
destrucción y muertos a su paso.

cáustico.
Aquel cuyas pendejadas tienen un
efecto corrosivo sobre cualquiera.

cauteloso.
El que anda de precavido para
no hacer tantas pendejadas.

celoso.
Quien siente celos por la suerte y calidad de las pendejadas de los demás, especialmente las que tienen relación con su esposa.

ceniciento.
Pendejo maltratado y menospreciado por pendejos de menor importancia.

chalado.
El que ya perdió la razón por tantas pendejadas cometidas.

chalán.
El que ayuda a un superior a producir pendejadas.

chapucero.
El que le quiere ver a uno la cara de pendejo.

chingaquedito.
El que poco a poco realiza sus pendejadas en perjuicio de otro.

chingón.
El que siempre sobresale de su grupo por hacer las mejores pendejadas.

chismoso.
El que por pendejo hace circular o informa sobre alguna pendejada falsa cometida por uno o más pendejos.

cibernético.
El que es pendejo hasta en la realidad virtual.

ciclotímico.
Aquel que tiene determinadas fases de pendejez, que se repiten en el mismo orden de forma cíclica.

científico.
El que investiga con métodos cada sistema de una pendejada.

cínico.
Quien alardea de su pendejez.

circular.
Un eterno pendejo: sin principio ni fin.

cívico.
El que su comportamiento pendejo es guiado por los valores, derechos y obligaciones que le impone ese carácter.

civil.
Ese cuyas pendejadas le hacen el paro para socializar con otros pendejos.

clandestino.
El que realiza sus pendejadas a escondidas y en secreto.

clásico.
El que en virtud del equilibrio, el orden y la belleza de sus pendejadas, nunca pasa de moda.

cleptómano.
Quien toma las pendejadas de los demás y las presume como suyas.

cojo.
El que cae más tarde que un hablador pendejo.

colega.
El que es pendejo, de la misma manera que uno.

cómico.
Actor o actriz que divierte con pura pendejada a personas más pendejas que él.

pendejo compinche

Amigo, camarada que, además de pendejo, está medio pinche.

comitiva.
Bola de pendejos que acompaña a un pendejo superior, a quien alaban y consideran líder.

compadre.
Quien solapa las pendejadas de su mejor amigo.

completo.
Aquel que tiene cara, cerebro, facha y además es pendejo.

compuesto.
El que está formado por dos o más elementos igual de pendejos.

compulsivo.
Ese que se ve impulsado por una fuerza inconsciente para ejecutar determinadas pendejadas.

computacional.
El que tiene un disco duro donde guarda todas sus pendejadas.

comunista.
Cree que todos deben tener el mismo nivel de pendejez.

con agallas.
El que con mucho arresto y valentía acepta sus pendejadas y las de los demás.

con copia.
Aquel que es pendejo por dos.

con doctorado.
Es reconocido por haber recorrido una larga trayectoria de pendejadas.

con fe de erratas.
Aquel que por ser tan pendejo, tiene que publicar los errores de sus pendejadas, los cuales son igual de pendejos.

con fuero.
Al que por su gran pendejez se le ha otorgado el privilegio de seguir perpetrando pendejadas.

con iniciativa.
El más peligroso de todos, a quien el PAP recomienda que se levante lo más tarde posible, porque mientras más temprano se levanta, más pendejadas hace.

con suerte.
Quien comete pendejadas sin riesgo.

confirmado.
Es aquel que, a pesar de los años, sigue siendo el mismo pendejo.

consciente.
El que sabe que es muy pendejo.

consistente.
El que hace pendejada tras pendejada.

consuetudinario.
El que tiene la mala costumbre
de hacer pendejadas diario.

contador.
El que registra todas sus pendejadas.

contemporáneo.
El que está al día y siempre tiene
la última tendencia en pendejadas.

contento.
El que siente felicidad, placer
y satisfacción cuando hace
pendejadas.

contreras.
Quien piensa que todos son
pendejos, menos él.

convicto.
Aquel que encarcelaron por
pendejo.

conyugal.
El que en forma eufórica,
sistemática y permanente sepulta
su libertad por pendejo.

copado.
El que está a punto de derramarse
por tantas pendejadas que contiene.

corrupto.
Aquel que necesita un pendejo
igual a él para cometer pendejadas
ilícitas. / El que soborna para hacer
que sus pendejadas no se noten.

cósmico.
Ese que vibra junto con el
universo al percibir la materia de
sus pendejadas, y la de los demás
pendejos.

crack.
El que es un superdotado en hacer
filigranas pendejas, especialmente
en el pendejo deporte del futbol.

creativo.
Aquel que a cada rato se le ocurre
una pendejada.

creyente.
Quien da por cierta un pendejada
sin que ésta se haya comprobado.

crudo.
El que hace las pendejadas
después de la borrachera.

cuadrado.
El que no reconoce ni acepta más
pendejadas de las que su pendejo
cerebro le dicta.

cubista.
El que es pendejo y nadie
lo entiende.

culpajeno.
Quien se cuelga las pendejadas
ajenas.

culpíjeno.
El que se siente culpable
de sus pendejadas.

cultivado.
El que surgió de las condiciones
y elementos necesarios para lograr
la reproducción de otros seres
pendejos.

curricular.
El que lleva un conteo de las
pendejadas que ha cometido para
respaldar su nivel de pendejez.

Expresiones

cada / alguna pendejada

Refiere a una serie de actitudes y acciones que suelen incomodar a los demás. Expresión que puede estar acompañada de verbos como: hacer, decir, pensar, etcétera.

 Seguramente estás pensando *alguna pendejada* como no entrar a clase y creer que en el extra vas a pasar la materia.

¡cómo estás pendejo / a!

Interjección que sirve para enfatizar las tonterías de alguien en el momento menos oportuno.

¿Le dijiste eso? ¡*Cómo estás pendejo*, Manuel!

con cara de pendejo/a

Expresión que alude a una persona cuyo rostro denota desconcierto o poco entendimiento de lo que sucede o está escuchando.

Pobre Luis, en la mañana casi lo atropella un microbús; se quedó petrificado a media calle y *con cara de pendejo*.

cuando te encuentre, pendejo/a

Amenaza que se dice a alguien que ha hecho una gran ofensa para advertirle que el próximo encuentro no será grato.

Esta vez te salvaste, pero *cuando te encuentre, pendejo*, no te la vas a acabar.

«El que es perico dondequiera es verde, y el que es *pendejo* dondequiera pierde.»

pendejo...

dadivoso.
Aquel que regala sus pendejadas por pura generosidad.

dantesco.
El que te empuja al último círculo del infierno por sus pendejadas.

de abolengo.
Aquel que resulta tan pendejo como todos sus antepasados.

de alcurnia.
El que cuenta con linaje de grandes pendejos, especialmente nobles.

de alta fidelidad.
Ese que es un pendejo sensible que capta y escucha todas las pendejadas a distancia.

de buen trato.
A quien su pendejez lo hace amable.

de cocina.
Un pinche pendejo.

de crucigrama.
Quien hace pendejadas en todas direcciones que se cruzan entre sí.

débil.
Aquel que cuando no hace o dice alguna de sus típicas pendejadas pierde poder.

de gorra.
El que se cuela en pendejadas ajenas.

de larga distancia.
Al que se le nota lo pendejo a más de un kilómetro y medio de distancia.

de libro.
Más teórico que práctico, pero igual de pendejo.

de mal genio.
Aquel que actúa con molestia o enfado porque cree que los demás son culpables de su pendejez.

de moda.
El que atrae, por poco tiempo, con sus nuevas pendejadas a otros más pendejos que él.

de nacimiento.
Pendejo natural, por herencia. Congénito, de una pieza.

Es el pendejo que el «chicaspeano» ya no le responde y sin embargo…

Quien por la calidad y el mérito de sus pendejadas ha alcanzado la fama como un gran pendejo.

Aquel que aún después de muerto sigue haciendo pendejadas.

El que se aparece para manifestar sus pendejadas al grupo de pendejos que lo invocaron.

El que aparece exactamente cuando sale el sol.

Político que piensa que quienes lo escuchan son tan pendejos o más que él.

El que depende de otros pendejos para hacer sus pendejadas.

Hace pendejadas para mantenerse en forma.

Al que le da pa'bajo ser pendejo.

El que al realizar sus pendejadas, procede sin subterfugios ni engaños. Es pendejo sin rodeos, directo.

Quien gasta sin prudencia, orden o razón sus pendejadas.

Aquel al que le hace falta *punch* para hacer pendejadas, y aunque quiera pasar por buenazo da flojera.

El que por falta de impulso no realiza tantas pendejadas como las que es capaz de hacer.

El que hace pendejadas de más.

Quien por la virtud de sus pendejadas se hace notar entre los demás.

El que ha sido apartado del apendejamiento materno, y ahora se alimenta de sus propias pendejadas.

Quien tiene fe en sus pendejadas.

Aquel que es pendejo por dentro y por fuera, además de serlo se le nota.

El que usa el iPhone para hacer pendejadas. / Aquel que utiliza todos sus dedos para perpetrar sus pendejadas.

El que cultiva el campo del saber de las pendejadas como aficionado y no como pendejo profesional.

Aquel que realiza sus pendejadas con atención, cuidado y eficiencia.

pendejo distinguido

A quien reconocemos de inmediato
y decimos: «Allá viene aquel pendejo.»

dinámico.
 Aquel que se desplaza rápido para cometer toda clase de pendejadas.

disfrazado.
El que es más pendejo por dentro que por fuera, a primera vista no se le nota lo pendejo que es.

disoluto.
El que se entrega con vicio a la práctica licenciosa de sus pendejadas.

disperso.
Pendejo con amplitud.

distraído.
Ni él mismo sabe cuándo y dónde realiza sus pendejadas.

doble.
Aquel que realiza las pendejadas que un actor no puede hacer porque éste es un pendejo.

doblecara.
Quien combina dos pendejadas características y las realiza de forma contradictoria.

docto.
Aquel que a fuerza de muchas pendejadas se ha hecho un doctor en la materia.

doméstico.
El que se siente más a gusto haciendo pendejadas dentro de las cuatro paredes de su casa.

donjuán.
Quien usa sus artimañas pendejas porque cree que con ellas es capaz de seducir a cualquier mujer, pero nunca lo consigue.

dúctil.
El que puede ser deformado en cualquier otro pendejo, pero sólo de manera mecánica.

Expresiones

¡dale con esa pendejada!

Reclamo para expresar hastío ante algún cuestionamiento o circunstancia repetitivos.

¡Dale con esa pendejada! No te estoy poniendo el cuerno, Maruca.

deja de pendejear

Orden enfática que pretende dar por terminado un periodo de ocio o pérdida de tiempo.

Ya *deja de pendejear*, apagas esa televisión y te pones a hacer la tarea, ¿oíste, Sergio?

déjame oír/ver esa pendejada

En este caso una pendejada es un objeto insignificante, de escaso valor.

A ver, súbele. *Déjame oír esa pendejada horrorosa que está cantando la banda.*

de pendejo/a no tiene ni un pelo

Indica la astucia que tiene alguien.

Le quieres ver la cara a tu papá, pero él *de pendejo no tiene ni un pelo.* ¿Crees que se tragó tu mentira?

«El que va para viejo,
va para *pendejo*.»

pendejo...

Es pendejo en cualquier medio ambiente y piensa, pendejamente, que vivirá más de lo natural.

Quien nos dice cuál será el comportamiento de la economía durante todo el año, y al final nos da un pretexto pendejo del porqué no sucedió como explicó.

Al que por más cortes que le hagan, sigue siendo pendejo.

Se le ha enseñado a comportarse de acuerdo con ciertas normas pendejas.

Quien alcanza el objetivo deseado: realizar una pendejada.

Es un pendejo de poca duración.

El que quiere que todas las pendejadas sean suyas.

Aquel que no hace más que hablar de sus pendejadas.

Por sus pendejadas merece el puesto de director general.

Quien sirve de referencia cuando se quieren realzar las características negativas de una pendejada.

El que va pa' pendejo que vuela.

Al que ni su gracia ni su gusto, especialmente en el vestir, le quitan lo pendejo.

Es cautivado por las pendejadas de otros, olvidándose de todo lo demás.

Simboliza y representa dignamente la pendejez ante un colectivo de pendejos.

pendejo entenado

Aquel que sin ser hijo de un pendejo, vive con él y aprende de sus pendejadas.

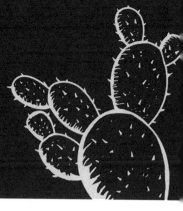

empadronado.
El que está en la lista de los pendejos.

empírico.
Quien a través de la práctica ha llegado a ser un gran pendejo.

emprendedor.
Quien siempre está iniciando una nueva pendejada.

empresario.
El que hace pendejadas a lo grande.

en condominio.
El clásico pendejo que no se siente capaz de realizar una pendejada grande, y se confabula con una macolla de pendejos para consumarla. Posteriormente hace planes para casarse y forma un patronato.

en forma.
El que cuenta con una extraordinaria condición física para cometer el mayor y mejor número de pendejadas.

en órbita.
Es el pendejo que al pedir un préstamo bancario o al solicitar trabajo, le dicen que se dé sus vueltas, desde entonces queda en movimiento de traslación y rotación.

enamorado.
Quien se clava con cualquier pendeja... da.

enciclopédico.
El que sabe muchas pendejadas.

energúmeno.
El que está enfurecido hasta la locura por la poca calidad de sus pendejadas.

enfermo.
Es el pendejo que ignora su propia pendejez y como no hay vacuna que le quite lo pendejo, su mal no tiene remedio; es como el cáncer.

enterado.
Al que se le tiene que recordar constantemente el riesgo de sus pendejadas.

envidioso.
El que no soporta escuchar pendejadas en boca de otros porque cree que «se le hubieran podido ocurrir».

equilátero.
Vista su pendejez desde tres lados, siempre tiene la misma magnitud.

ermitaño.
Quien se retira a hacer sus pendejadas adonde nadie lo ve.

erudito.
Aquel que en cuestión de pendejadas, se las sabe todas.

esencial.
El que está compuesto por el éter sutil y purísimo de la pendejez.

esférico.
Es pendejo por todos los lados.

estoico.
El que mide sus pasiones al momento de cometer una pendejada.

esotérico.
Aquel cuyas pendejadas encierran un misterio incomprensible para quienes no pertenezcan a su círculo de pendejos.

esperanzado.
Quien cree que lo pendejo se le va a quitar.

esponjado.
El que aumenta su volumen debido a la gran cantidad de pendejadas que contiene.

espontáneo.
Aquel que dice pendejadas cuando menos se lo espera uno.

esquizofrénico.
Aquel que lo pendejo le viene desde dentro.

esquizoide.
El que tiene doble personalidad y en las dos es pendejo.

estacional.
Quien es pendejo en primavera, verano, otoño e invierno.

estático.
Quien mantiene su estado sin alteración después de hacer sus pendejadas.

estético.
Aquel cuyas pendejadas son agradables a la vista o al oído.

estudioso.
El que estudia las pendejadas de los demás para superarse.

ex aequo.
Es un pendejo compartido, no se pelea por el título de «el pendejo mayor».

exótico.
Alguien que resulta extravagante por pertenecer a un ambiente de pendejos distinto al nuestro.

expiatorio.
Es aquel que a veces resulta útil.

expresionista.
Aquel cuyas pendejadas son chuecas y dramáticas.

extranjero.
El que trae sus pendejadas desde un país distinto y aquí es donde las comete.

extraño.
Quien hace pendejadas de forma diferente a lo acostumbrado.

Expresiones

estar harta/o de sus /tus pendejadas

Expresión que refleja el hartazgo de las estupideces cometidas por alguien.

Se acabó, *estoy harto de tus pendejadas.* ¡Lárgate de mi empresa!

¡ésas son pendejadas!

Tonterías, estupideces.

Dejaste abierta la puerta de par en par, *ésas son pendejadas.* Se robaron todas las cosas que teníamos.

¡este/a pendejo/a!

Exclamación que enfatiza el alto grado de estupidez de una persona.

—Pepe se emborrachó y le habló a su ex.
—¡*Este pendejo* otra vez!

estar en la pendeja

Referido a la persona que está distraída.

De verás, Matilde, *estás en la pendeja* todo el día. ¡Ya concéntrate!

«El vivo se embriaga y el *pendejo* paga.»

pendejo...

fabulador.
Quien encuentra una moraleja en las pendejadas que comete.

facha.
El que es normal, pero tiene facha de pendejo.

fácil.
Dícese de la mujer que tiene la moral sexual de un pendejo caliente.

falluquero.
Quien trafica con pendejadas nacionales o extranjeras que tomó prestadas de otro que se apendejó.

falluto.
El que ensalza las pendejadas de los demás para después, a traición, repudiarlas entre sus conocidos.

famélico.
Quien está tan hambriento por decir una pendejada que, si no lo hace, hasta flaco se ve.

farsante.
Aquel que se convierte en pendejo al tratar de hacerse pasar por uno.

fecal.
El que con sus pendejadas echa mierda.

feliz.
Aquel que encuentra la mejor forma de hacerse pendejo. / Quien lo logra y prolonga su vida.

feminista.
El que lucha para conseguir la igualdad entre los pendejos del género masculino y femenino.

fenomenológico.
Es el que capta la esencia pura de la pendejez a través de la descripción de los pendejos y las pendejadas que lo rodean.

fiador.
Aquel que pasa toda su vida pensando que ahora sí le pagan.

filósofo.
Quien se cuestiona el porqué de sus pendejadas.

fiscal.
El que objeta las pendejadas que hacen los demás.

flechero.

El pendejo que te presentó a tu ex.

fluorescente.

Es el que aún en lo oscuro relumbra de pendejo.

fosforescente.

Es aquel que se distingue de noche.

fregado.

Al que le va mal, por pendejo, en todo lo que su existencia abarca.

frustrado.

Aquel que se propone lograr metas pendejas y nunca lo consigue.

fulano, mengano, zutano y perengano.

Cualquier pendejo cuyo nombre se desconoce y no interesa precisarlo por pendejo.

full time.

No sólo es pendejo de lunes a viernes de 8:00 a.m. a 6:00 p.m., también sábados, domingos, vacaciones y días feriados.

fulminante.

Quien tienen un efecto instantáneo, muy grave y generalmente mortal, por sus pendejadas.

funcional.

Aquel cuyas pendejadas, con frecuencia y por azar, tienen efectos positivos en el entorno.

furibundo.

Su pésimo carácter es el principal motivo de que sus pendejadas sean fraguadas.

futurólogo.

Quien pronostica pendejadas certeras.

«Si no fueras *pendejo,* ¿qué te gustaría ser?»

pendejo...

gacela
Aquel que posee una habilidad bárbara para cometer pendejadas.

gallardo.
Personaje valiente cuando se trata de embestir pendejos.

gay.
El que por pendejo se cambió de bando.

genérico.
Es el que pertenece al género natural de pendejos.

genético.
Aquel que es pendejo desde sus 23 pares de cromosomas.

gigante.
El que hace pendejadas verdaderamente apoteósicas.

gimnasta.
Quien hace una serie de acrobacias para evitar que sus pendejadas se noten, pero falla en el intento.

ginecólogo.
Especialista que trabaja en el lugar idóneo donde otros, incluyendo a los pendejos, añoran.

global.
El que abarca y realiza la totalidad de un conjunto de pendejadas. / Todo el mundo sabe de sus pendejadas.

glucógeno.
Aquel que con sólo escuchar sus pendejadas te produce «diabetis» grado 2.

gongorino.
El que trata de ocultar su pendejez con cultismos y estructuras rebuscadas.

gordo.
Aquel que hace pendejadas más anchas que altas.

Expresiones

ganas de pendejear

Frase que hace referencia a la necesidad que uno tiene de perder el tiempo.

Ya trabajé mucho, tengo *ganas de pendejear* y poner mi mente en blanco.

gastar en pendejadas

Sentencia proferida hacia alguien para hacerlo consciente de que invirtió dinero en cosas innecesarias.

—¿Otra vez compraste zapatos? ¡Ya deja de *gastar en pendejadas*!

gente pendeja

Queja que se emplea con frecuencia para enfatizar el desprecio hacia personas que han hecho algo desagradable o tonto.

Me choca que maltraten a los animales, mugre *gente pendeja*.

gustos pendejos

Hace referencia al mal gusto que tiene una persona.

No sé cómo puedes decir que tu novia es guapa. Tienes unos *gustos pendejos*, pareces ciego.

«El *pendejo* y la mala suerte van siempre de la mano.»

pendejo...

héroe.
Pendejo que, a diferencia del resto, no pudo salir corriendo.

hi fi.
Es un pendejo sensible, capta todas las pendejadas a distancia y las pone en práctica.

hiperactivo.
Quien hace las pendejadas una tras otra.

hipocondriaco.
Aquel que se enferma de sus propias pendejadas.

hipócrita.
El que disfraza sus verdaderos sentimientos y creencias pendejas.

hipotecado.
Es aquel que gasta más de lo que tiene y empeña hasta las nalgas porque no completa para pagar.

histriónico.
Aquel que expresa sus pendejadas de manera exagerada, como un actor teatral pendejo.

hocicón.
Quien habla más de lo debido con respecto a las pendejadas que comete.

holístico.
Es un pendejo completo y entero.

homeostático.
Aquel que genera pendejos de forma homogénea.

honoris causa.
El que por reconocimiento a sus meritorias pendejadas tiene el honor de ser un pendejo Doctor.

huevón.
Es un haragán y no hace las pendejadas que le corresponden por flojo y pendejo.

Expresiones

hacer sus/tus pendejadas

La conjugación en cualquier tiempo del verbo 'hacer' permite aludir a un acto —o actos— malintencionado de frecuente incidencia.

¿A qué viniste hasta acá, Juan? ¿Nada más a hacer tus pendejadas?

hay que ser muy pendejo/a para…

Esta frase deja en evidencia que, aunque es posible, sería demasiado necio incidir en esa acción. Usualmente está condicionada por un ejemplo previo.

Hay que ser muy pendejo para volver con tu ex.

H

hacerse pendejo/a

Equivale a hacerse tonto para eludir una responsabilidad. Fingir inocencia o ignorancia. Se utiliza con cualquier conjugación del verbo hacer y los pronombres enclíticos 'me' y 'se'.

¿Puedes creer que el otro día me encontré a Julieta en la calle y *se hizo pendeja*? Ni un hola ni nada.

¡hazte pendejo/a!

Interjección que busca generar un sentimiento de culpa en la persona juzgada por su cuestionable conducta. Se ocupa como el «síguele» de las tías abuelas.

¿Que no te gusta Juanita? *¡Hazte pendejo!* Si bien que te la comes con la mirada.

«Éste navega
con banderita
de *pendejo*.»

pendejo...

ideal.
Aquel que reúne todos los atributos del pendejo.

idealista.
Quien sostiene que el mundo real y la naturaleza no pueden entenderse, sino a través de la pendejez.

idiota.
El que padece retraso mental severo, por lo que ha perdido la razón de sus pendejadas.

ignorado.
Quien hace muchas pendejadas y nunca se supo quién las hizo…

ignorante.
Aquel que no sabe cuándo, cómo, ni dónde realiza sus pendejadas.

iletrado.
El que es un gran pendejo sin haber pasado por la escuela de parvulitos.

iluso.
El que sueña con hacer grandes pendejadas y sólo produce pendejaditas.

imaginario.
Aquella voz interna que nos orilla a tomar lo que parecen ser buenas decisiones, aunque en realidad son las peores pendejadas.

importado.
El más fino y codiciado de todos los pendejos.

impresionista.
El que da la impresión de ser pendejo, y lo es.

impulsivo.
Reacciona a la primera pendejada.

impune.
Quien no paga las penas que le corresponden por haber cometido sus pendejadas.

in articulo mortis.
Aquel deshauciado que cree que San Pedro lo dejará entrar al cielo, pese a las pendejadas que cometió en vida.

inanimado.
Parece ya no tener vida de pendejo, pero lo sigue siendo.

pendejo inefable

Quien realiza pendejadas tan sublimes, que no se pueden expresar con palabras.

incapaz.
El que hace mal hasta las pendejadas.

incivil.
Aquel que ni sus pendejadas lo integran a la sociedad.

incrédulo.
El que siendo pendejo, no quiere creerlo y cuesta trabajo convencerlo.

indeciso.
El que es pendejo... a veces.

indigno.
Sus pendejadas tienen más calidad moral que él mismo.

indolente.
Quien hace pendejadas sin preocupación.

indomable.
Es aquel al que se le intenta someter, pero sigue haciendo pendejadas.

inédito.
Ni él mismo está consciente de ser pendejo.

informado.
Aquel que lee e investiga mucho para evitar caer en pendejadas, pero no lo consigue.

informático.
Quien es un pendejo computado.

ingenuo.
El que, además de ser pendejo, cree en las pendejadas de los demás.

innato.
Todos los seres humanos, desde el primer parto de Eva.

inquisitivo.
Quien siempre está indagando nuevas formas de producir pendejadas.

insípido.
Quien quita sabor a las fiestas con sus pendejadas.

insistente.
El que persiste en hacer la misma pendejada una y otra vez.

instantaneo.
Al que sólo hay que agregarle agua.

intelectual.
Pendejo capaz de pensar en algo más que no sea sexo.

inteligente.
Aquel que opina puras pendejadas.

intenso.
El que comete pendejadas con mucha energía y gran viveza.

internacional.
El que es pendejo en cualquier
parte del mundo donde
se encuentre.

introvertido.
Aquel que no cuenta sus pendejadas
y se deleita con ellas en solitario.

inútil.
El que ni las pendejadas hace bien.

investigador.
Quien prueba, experimentalmente,
sus pendejadas.

invisible.
Aquel que es tan pendejo,
que nadie lo puede ver.

iracundo.
El que es asaltado por la furia
cuando sus pendejadas no le salen
bien.

irreducible.
Aquel que intenta disminuir sus
pendejadas, pero le es imposible.

irrestricto.
Personaje cuyas pendejadas
paracen infinitas.

irresistible.
El que seduce con cada pendejada.

izquierdoso.
Quien predica que la pendejez
debe repartirse equitativamente.

Expresiones

igual de pendejo/a

Sentencia empleada para evidenciar la condición de una persona que trató de cambiar, pero no lo consiguió.

Estudió matemáticas para superarse, pero está *igual de pendejo* que cuando iba en la «secu».

imagen de pendejo/a

Frase para definir la actitud o el carácter de alguien que en su afán de parecer interesante, luce ridículo.

Ahí va Raulito rumbo al «gym», todo musculoso y con su *imagen de pendejo*.

¡íralo/a, qué pendejo/a!

Exclamación que se utiliza cuando una desgracia ajena sorprende o asombra. Tiene mayor énfasis cuando se deforma el verbo *mirar*.

¡íralo, qué pendejo!, por pasarse el alto casi lo planchan.

irse a lo pendejo

Generalmente se usa para afirmar que una acción se realiza de manera irresponsable, sin pensar ni medir las consecuencias.

Julia empacó sus cosas y se fue a Londres de mochilazo, aunque no sabe inglés. A eso le llamo *irse a lo pendejo*.

«Lo guapo se quita,
lo *pendejo* no.»

pendejo...

jabonoso.
Al que se le resbalan todas las pendejadas.

jacobino.
Aquel que impone a otros sus raíces pendejas.

jactancioso.
Quien se vanagloria de las actitudes o acciones pendejas que comete.

jadeante.
Personaje que al decir mil pendejadas por minuto, se queda sin aliento.

janiche.
Sujeto gangoso: 'obre 'engdejo.

jardinero.
El que va plantando pendejadas y además echa raíces.

jefe.
Aquel que humilla y menosprecia a una bola de pendejos subordinados.

jetón.
El que pone carota cuando sus pendejadas salen mal.

jerarca.
Sujeto de elevada categoría entre su grupo de pendejos.

jilguero.
El que canta pura pendejada.

jiribilla, con.
Aquel con mucha gracia para hacer pendejadas.

jodido.
Al que sus pendejadas lo han dejado muy dañado.

jodón.
Quien hace pendejadas constantemente y causa mucho enojo a los demás pendejos.

jocoso.
Persona cuyas pendejadas provocan que te dobles de la risa.

joto.
Aquel que se va de lado con sus pendejadas.

jornalero.
El que hace pendejadas desde que sale el Sol hasta que se oculta.

jorobado.
El que por cargar con tantas pendejadas, pierde la postura.

jorongo.
Personaje que sirve como manto protector para su grupo cercano de pendejos.

joyero.
Aquel que hace pendejadas invaluables.

jubilado.
El que ha rebasado el límite de pendejadas, y lo relegan a un pendejo liquidado.

jubiloso.
Personaje que se alegra y celebra cualquier pendejada.

judas.
El que te apuñala por la espalda con pendejadas que no esperas.

judicial.
Aquel que abusa de su uniforme para acusarte de pendejadas.

junio.
Sexto pendejo del año.

junior.
Es pendejo por parte de padre.

justo.
Pendejo que reparte a cada cual la pendejada que le corresponde.

justiciero.
Hace respetar sus pendejadas con rigor.

«¡Oh, Virgen del buen consejo, ayuda más al más *pendejo*!»

pendejo...

No hay con K…
¡No sea pendejo!

«Amor de lejos,
par de *pendejos*.»

pendejo...

labioso.
Aquel que te adula con pendejadas.

laborioso.
El que todo el día hace pendejadas.

lacónico.
Quien no tiene que decir nada para que se sepa que es pendejo.

lacra.
Personaje que acostumbra robar pendejadas.

lacrimógeno.
El que te saca lágrimas por tanta pendejada que profiere.

ladino.
Aquel que realiza sus pendejadas astutamente y a traición.

lagunoso.
Fragua pendejadas, pero nunca las realiza porque se le olvidan.

lameculos.
El que es capaz de sobajarse por el simple hecho de alabar las pendejadas de su jefe.

lámpara.
Personaje que te ilumina con su brillante pendejez.

lampiño.
Pendejo que, aún en los 50, sigue esperando que le crezca la barba.

lángara.
Aquel que no es digno de confianza, debido a sus mal hechas pendejadas.

lanzado.
El que se avienta a lo pendejo.

lasca.
Trocito de pendejo.

latente.
El que suspendió su desarrollo pendejil, pero bajo condiciones favorables puede reactivarlo.

laxante.
Con sólo escuchar sus pendejadas se te afloja la «cajeta».

legislador.
El que dicta las leyes de la manera más pendeja.

pendejo literario

El que escribe un montón de pendejadas.

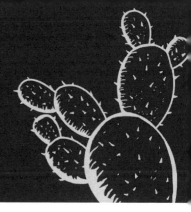

legítimo.
Personaje cuya pendejez queda estipulada en papel con sello notarial.

leído.
Quien es muy entendido en el arte de realizar pendejadas.

lento.
Aquel que necesita más tiempo para hacer bien sus pendejadas.

lerdo.
El que es muy torpe para conocer el alcance de su pendejez.

lesionado.
Alguien que se causa daño a sí mismo con sus pendejadas.

letrado.
El que es docto en el arte de cometer pendejadas.

leproso.
Aquel cuyas pendejadas son altamente contagiosas.

licenciado.
Quien necesita un permiso para explotar sus capacidades pendejas.

líder.
Es el pendejo que va hasta adelante, y los demás pendejos lo siguen.

light.
El que no necesita ingerir azúcar y grasas para ser un pendejo.

limitado.
Al que su esposa le debe controlar sus pendejadas para que no derroche el potencial.

limonero.
Dícese del pendejo cuyas pendejadas dejan mal sabor de boca.

lírico.
Aquel que ni lee, ni pregunta. Es pendejo de oído.

lisiado.
Quien sufre de alguna lesión en su pendejez, que lo vuelve más pendejo.

llanero.
Persona que comete todas sus pendejadas en un solo juego dominguero de futbol.

llorón.
Pendejo indefenso y sensiblón.

local.
El que sólo hace pendejadas en su casa.

loco.
Quien hace pendejadas sin razón.

lord.
Aquel que se comporta de manera altanera para ocultar su pendejez.

lubricado.
El que comete pendejadas suavecitas y resbaladizas.

luchador.
Personaje que va contra corriente para sacar a flote sus pendejadas.

lúcido.
Aquel que es claro y sistemático en sus argumentaciones pendejas.

lucido.
Quien llama la atención con sus propias pendejadas.

lucrativo.
Alguien que saca provecho de sus pendejadas en detrimento de otros pendejos.

lúdico.
El que juega a hacerse pendejo, sin saber que sí lo es.

lúgubre.
Aquel cuyas pendejadas matan de la tristeza.

lujoso.
Aquel que no escatima en pendejadas.

luminoso.
El que brilla de pendejo.

Expresiones

la mera verdad, son pendejadas

Declaración que se emplea después de haberse cometido una evidente injusticia, no importando si el afectado es uno, algún ser querido o alguien totalmente desconocido.

—¿Te enteraste de lo del gobernador
de Veracruz?
—Sí, mano, y *la mera verdad, son pendejadas.*

¡lástima, pendejo/a!

Sentencia que se emite para hacer notar a otra persona
que perdió la oportunidad de hacer algo por causa
de su irremediable estupidez.

¡Lástima, pendejo! Juancho ya te bajó
a Margarita.

¡lánzate, no seas pendejo/a!

Frase de motivación para que un sujeto poco hábil se anime a realizar algo, aunque sea evidente que va a fallar.

—No iré a la entrevista para el nuevo trabajo.
—¡Lánzate, no seas pendejo!

lo pendejo

Producto de las pendejadas. Aquello cuya definición es tan abstracta y amplia, que siempre se busca darle tangibilidad. No debe ser confundido con 'a lo pendejo'.

Lo pendejo no fue que pidiera su aumento de sueldo, lo pendejo fue creer que se lo darían por la manera como trabajaba.

«Me encantas,
te encanto y nos
hacemos *pendejos.*»

pendejo...

macuarro.
Dícese de aquel cuya forma de vivir es inaceptable para la sociedad, porque es un vulgar pendejo.

mafioso.
Aquel que se junta con otros pendejos para imponer, de manera ilícita, sus métodos e intereses pendejos sobre los demás.

magisterial.
El que enseña a los demás a hacer pendejadas.

magnético.
Aquel que te atrae de sobremanera por tanta pendejez.

maldito.
Alguien que acarrea desgracias con sus crueles pendejadas.

maleable.
El que es tan pendejo que se puede moldear fácilmente.

maleado.
Aquel que comete pendejadas únicamente por sus malos hábitos y costumbres.

malinchista.
Quien tiende a preferir las pendejadas gabachas y extranjeras.

mamado.
Lo sabroso no le quita lo pendejo. / Entre más músculo, más pendejo.

mamarracho.
Quien por querer quedar bien, queda como pendejo.

mamón.
Alguien que presume de sus pendejadas, sin considerar la situación en la que ocurren.

manifiesto.
El que perceptible y claramente es un pendejo desde que se presenta ante los demás.

maniqueísta.
Aquel que a veces lanza chispazos de genialidad, pero en más ocasiones exagera de pendejo.

maratonista.
Personaje que ha entrenado toda su vida para hacer pendejadas kilométricas.

pendejo mediocre

Quien no es ni muy vivo
ni muy tonto, sino nada
más medio pendejón.

mareador.
Sujeto que trata de embaucar a otro a cometer una pendejada para su provecho.

matemático.
El que es, exacto, un pendejo.

materialista.
Quien sostiene que lo que origina el universo y la vida es la materia pendeja y su naturaleza pendeja.

matutino.
El que se levanta muy temprano para cometer el mayor número de pendejadas antes del *lunch*.

mecenas.
Sujeto que apadrina a todo el que hace dibujitos de kínder y los hace pasar como obras de arte.

memorioso.
Aquel que guarda en su mente el recuerdo de todas sus pendejadas, así como lo pendejo que se sintió al cometerlas.

menstrual.
A este pendejo también le llaman Andrés.

mentiroso.
Persona que no asume el resultado de sus pendejadas y culpa a otros de ellas.

metiche.
El que por pendejo interviene en las pendejadas ajenas, aunque no le incumban.

mexicano típico.
Aquel cuyas pendejadas son culpa del chupacabras, de la llorona o de Donald Trump.

miedoso.
Quien se asusta de las pendejadas ajenas, de sus propias pendejadas y de las pendejadas imaginarias.

milhojas.
Alguien que tiene varias cubiertas de pendejez, que va descubriendo entre más pendejadas realiza.

millonario.
El que puede pagar mucho dinero para que otros solapen sus pendejadas.

milusos.
Alguien que hace pendejadas en cualquier actividad que desempeña.

miserable.
Al que sus pendejadas lo dejan sin satisfacción y dicha.

misógino.
El que odia a la mujer, a quien considera, pendejamente, más pendeja que él.

mitigador.
Aquel que es capaz de suavizar
sus pendejadas más rigurosas.

mitológico.
Pendejo inofensivo que cree
en todos los cuentos que su
imaginación le dicta.

modelo.
Al que otros más pendejos
pretenden copiar e imitar.

moderno.
El que hace sus pendejadas
vía Internet.

mojigato.
Quien por su moral estrecha
se escandaliza hasta de sus
pendejadas.

molecular.
El que es pendejo desde la unidad
más pequeña de su materia.

mostrenco.
Aquel pendejo abandonado
y sin dueño.

multifacético.
El que abarca dos o muchas
clasificaciones.

multitasker.
Personaje cuya única habilidad
es decir y hacer varias pendejadas
a la vez.

murmurador.
Aquel que, en cada junta de
trabajo, dice pendejadas en voz
bajita para que su jefe no lo note.

mutante.
Su pendejez es tan extrema
que parece resultado de un
experimento fallido.

mutuario.
El que da y recibe pendejadas.

Expresiones

mmm... qué pendejo/a

Sentencia de decepción o frustración cuando alguien no actúa de la manera que esperamos y ello trae consecuencias desastrosas.

Al ver un partido de futbol: ¡Chuta, chuta, chuta...! *Mmm... qué pendejo*, la dejó ir.

me apendejó/-aron

Esta aseveración suele ir acompañada de una cara llena de decepción o tristeza y, en ocasiones, enojo. Se utiliza al reconocer que nuestra credulidad y excesiva confianza permitieron que pudieran abusar de nosotros.

Compré una blusa por internet, resultó ser ropa de muñeca. *Me apendejaron.*

me apendejé

Resignación al aceptar que en algún asunto de éxito inminente, un error inverosímil provocó un fracaso.

Por no fijarme, moví mi alfil una casilla más allá de lo necesario y eso arruinó mi jugada. Qué te digo, *me apendejé*.

me trae de su pendejo/a

Se utiliza cuando nuestro amor desmedido hacia una persona provoca que ésta haga con nosotros lo que quiera y, aunque eso nos molesta, poco hacemos para evitarlo.

Luis *me trae de su pendeja*. Ayer preferí ver con él una película de güeva en lugar de salir con mis amigas.

¡mira a este/a pendejo/a!

Frase empleada para enfatizar o evidenciar el acto estúpido que ha cometido un pendejo.

¡Mira a este pendejo!, le dije que hiciera de comer y ya se le quemó hasta el agua.

mira, pendejo/a

Amenaza hacia una persona que ya ha colmado la paciencia de alguien; se pronuncia señalando al culpable con el dedo índice y moviendo la mano de arriba a abajo.

Mira, pendejo, síguele mandando «guasaps» a mi novia y te voy a poner como chancla.

¡mugre pendejada!

Expresión que denota decepción y enojo, debido a que un aparato, generalmente electrónico, dejó de funcionar.

Se acaba de apagar mi compu sin razón, *¡mugre pendejada!*

muy pendejito/a, ¿no?

Reclamo a alguien que intenta pasarse de listo, queriendo hacerse güey.

Ah, mírala, *muy pendejita, ¿no?* Que todos se chinguen preparando la comida, mientras tú nada más ves. ¡Órale, a picar la cebolla!

«La *pendejez* es la enfermedad más extraña porque no es el *pendejo* quien sufre por ella, sino los demás.»

pendejo...

nacionalista.
Sujeto partidario de la pendejez de su país que se orienta por ella.

naco.
Quien comete pendejadas vulgares y corrientes, y se precia de ello.

natural.
El que es pendejo de nacimiento.

necio.
Aquel que insiste en hacer pendejadas una y otra vez.

negligente.
Quien ni se esfuerza en hacer bien las pendejadas.

neurasténico.
El que se enoja cuando le dicen pendejo.

neurótico.
Al que los nervios lo apendejan y lo hacen enojar.

nibelungo.
Aquel que custodia su pendejez como si fuera el oro del Rin.

nietzscheano.
Aquel que más que un *superhombre* es un *superpendejo*.

nómada.
Realiza sus pendejadas desplazándose de un lugar a otro y no establece su pendejez en un solo sitio.

non.
Alguien que no tiene par para hacer sus pendejadas.

nonato.
El que todavía no ha nacido, pero ya cuenta con toda la información genética de un pendejo.

noño.
Aquel que está apegado a sus pendejadas cursis.

Expresiones

nada de pendejadas

Advertencia que se hace a alguien para notificarle que no habrá tolerancia hacia ninguna acción que ponga en riesgo el buen término de un acontecimiento.

Está bien, Rosaura, te presentaré a mi mejor amiga para que no desconfíes, pero eso sí: nada de pendejadas, ¿eh?

nada pendejo/a

Frase irónica que se emite hacia una persona para hacerle notar que es muy abusivo o que saca ventaja de una situación.

Yo trabajando de sol a sol y tú, nada pendejo, sólo estiras la manita para recibir dinero.

ni que estuviera tan pendejo/a

Respuesta sincera y prudente ante un intento de abuso hacia uno o hacia alguien más. Se acepta con modestia la pendejez propia o ajena, mas se aclara que ésta no es desmedida.

> ...Y que me quiere cobrar el pasaje a $10.00 cuando siempre me cobran $8.00. *Ni que estuviera tan pendejo.*

no estés pendejeando

Reclamo que se realiza para apurar a un fulanito que está «papando moscas» en lugar de hacer lo que es importante.

> *No estés pendejeando y ayúdame a limpiar, que esto ya parece un hogar de indigentes.*

no fuera ese/a pendejo/a...

Reproche cargado de indignación porque alguien más suele obtener lo que a nosotros, ya sea por azares del destino o por mero favoritismo, nos ha sido negado.

Yo sólo le pedí uno, un favorcito nomás y se negó tajantemente. Ah, pero *no fuera ese pendejo*, ¿verdad?

¿no que muy pendejo/a?

Exclamación que denota sorpresa por obtener resultados favorables de una persona conocida por todos como un pendejo —que resultó nunca serlo, sino parecerlo.

Míralo, *¿no que muy pendejo?* Fue el único de su familia en terminar la universidad.

no te hagas pendejo/a

Advertencia cabal a alguien cuyas intenciones de infortunar se transparentan a través de sus acciones.

—Te juro, mi amor, que sí quería llegar temprano, pero…

—*No te hagas pendejo*, Julián, si te acaban de etiquetar en una foto en el bar.

no te me apendejes

Búsqueda por rescatar a alguien de recaer en los nocivos vicios de la pendejez. Todo buen amigo te dirá esta oración en momentos de extrema necesidad.

Creo que ya es hora de superar a ese patán, amiga. *No te me apendejes*. Tienes que seguir adelante.

«La liebre en el campo corre, el pez en el mar sondea, el que es *pendejo* se jode y el que es cabrón se pasea.»

pendejo...

El que mira con detalle y examina tanto sus pendejadas como las de los demás.

Alguien incapaz de comprender tanto sus pendejadas como las de los otros.

Al que no le alcanzan las horas del día para hacer todas las pendejadas que él quisiera.

Dícese del pendejo que, con toda intención, afecta a terceros con sus pendejadas.

Aquel pendejo que se encarga de proteger los derechos de los demás pendejos.

El que es abundante en pendejadas de gran calidad.

Quien cree que no es un pendejo.

El que tiene gran riqueza y abundancia de pendejadas.

Alguien que cree en la superioridad de sus pendejadas.

El que está en chino que se le quite lo pendejo.

Es el que pone un toque personal a sus pendejadas, por eso decimos: «Esa pendejada sólo la pudo haber hecho 'fulano'».

Quien hace alarde de sus pendejadas.

El que pertenece y sigue a un rebaño de pendejos.

Expresiones

o apendejas
o te apendejan

Justificación adecuada para cuando se busca o hace falta abusar en lugar de ser abusado.

A ver, papacito, ya te dije que tienes que defenderte. *O apendejas o te apendejan.*

¡oh, qué pendejo/a!

Reproche ligero, usualmente hecho hacia uno mismo, acompañado de una palmadita en la frente como castigo simbólico. Muchas veces suele ir cargado de un tono sarcástico para denotar que la pendejada fue hecha con total intención.

¡Oh, qué pendejo! Olvidé el cambio de horario y llegaré tardísimo al trabajo. Ya ni modo.

¡ojo, pendejo/a!

Advertencia común que se hace hacia alguien para que preste más atención ante un evidente conflicto, error, problema o accidente; es sinónimo del «aguas».

¡Ojo, pendejo!, está abierta una coladera y casi te traga la tierra.

¡omaigá, qué pendejo/a!

Deriva del *Oh, my God!*, se emplea para expresar sorpresa ante la acción descuidada de un personaje.

¡Omaigá, qué pendejo! Se tomó toda la botella de un jalón pensando que era agua, pero era aguarrás.

¡órale, pendejo/a!

Reclamo que se hace cuando alguien, intencional
o accidentalmente, nos causa algún agravio.

> En el metro, al subir, un sujeto empuja a otro;
> este último le dice:
> —¡Órale, pendejo!, fíjate.

¡órale, a pendejear a otra parte!

Exclamación que se da a alguien para asegurar que en el
momento y lugar precisos no hay cabida para sus pendejadas.

> A ver, Juanito, ¿qué no ves que ésta es
> una charla de adultos? ¡Órale, a pendejear
> a otra parte!

otra pendejada de ésas y…

Advertencia previa a un posible madrazo —mental, físico, social, moral, etcétera— como consecuencia a la repetición de varias chingaderas.

Mira, Die-gui-to, *otra pendejada de ésas* y te juro que te vuelo los dientes delante de tus amiguitos, a ver si te parece tan gracioso.

¡oye a este/a pendejo/a!

Interjección para denotar que lo dicho por alguien resulta ser una pendejada en toda la extensión de la palabra, tanto así que parece risible.

—Te juro, hermano, que la Tierra es plana. Vi en Internet un video que…
—¡Oye a este pendejo!

«Soy tan *pendejo* que no sé cuánto; lo que sí sé es que ser tonto tiene su encanto.»

pendejo...

palurdo.
El que realiza pendejadas
realmente rústicas por su
ignorante pendejez.

pandeado.
Quien a causa de sus graves
pendejadas queda torcido de la
zona media, pa' un lado o pa'l otro.

paranoico.
El que cree que todos saben
que es pendejo.

pasmado.
Aquel que se queda sin reacción
alguna, al no comprender ni sus
propias pendejadas.

pedigrí, con.
Desciende de pendejos campeones
o de renombre.

pelado o pelón.
El que perdió hasta su último
pelo de pendejo.

peleonero.
Persona que necesita llegar
a los golpes para cometer
sus pendejadas y decirlas.

pendejo.
Al que sus pendejadas le salen
verdaderamente muy pendejas.
/ Dícese del individuo que tiene
los defectos de la pendejez.
/ El que sin duda es pendejo.

perdido.
Es el pendejo que a los 30 se da
cuenta de que es un pendejo; a los
40 está completamente seguro de
que siempre lo ha sido; a los 50
se reprocha de serlo, pero sigue
haciendo pendejadas y, finalmente,
muere siendo lo que siempre fue:
un pendejo.

perfecto.
Es el que tiene el mayor grado de
calidad y valor en sus pendejadas.
Muy deseado por que es muy
difícil de encontrar.

periférico.
Aquel que tiene muchas salidas
pendejas.

pesado.
El que es difícil de soportar
y digerir por sus aburridas
y molestas pendejadas.

pesimista.

Quien cree que sólo él es pendejo.

petulante.

Persona que se enorgullece
de sus pendejadas.

pirata.

Es tan pendejo que tiene que
copiar, de manera chafa, las
pendejadas de otros.

pitagórico.

Alguien que hace un teorema
de sus pendejadas.

pixeleado.

Al que si se le amplía,
se le observan sus pequeñas
pendejaditas homogéneas.

plástico.

El que expone artísticamente su
pendejez en cuadros o esculturas.

playero.

Quien es muy, pero muy pendejo,
y lo muestra en traje de baño.

policía.

Aquel personaje que vela por el
mantenimiento de las pendejadas
del orden público.

polifacético.

Como su nombre indica, abarca
varias clasificaciones. Es un
pendejo que, si se lleva de cerca,
ocupa mucho terreno.

poliglota.

El que dice pendejadas en varios
idiomas.

polhe.

Alguien que sostiene sus
principios pendejos con gran

distinción y al decir pendejadas
levanta el meñique.

político.

El que quiere que se solidaricen
con sus pendejadas, pues piensa
que todos somos sus pendejos.

postpendejo.

Individuo, natural o artificial, que
posee capacidades que sobrepasan
de forma excepcional las
posibilidades del pendejo actual.

portavoz.

Es el nombre y la representación
de su grupo de pendejos.

precavido.

El que es pendejo «por si se
ofrece», además, vale por dos
pendejos.

prepotente.

Quien piensa que por ser pendejo
tiene más poder.

presumido.

Alguien que anda contando a
todos su última pendejada. / El
que se ufana de sus insignificantes
pendejadas.

presuntuoso.

Personaje que concibe su pendejez
como la más hermosa creación del
mundo de los pendejos.

primario.

El que hace sólo pendejadas
básicas, ya que su cabeza no
da para más.

productivo.

Aquel que hace más pendejadas
durante una jornada completa,
por hora o por segundo.

pendejo prolijo

El que es extremadamente detallista y esmerado al hacer pendejadas.

profundo.

El que analiza sus pendejadas con mayor detalle para mejorar el conocimiento de las mismas.

provocador.

Astuto pendejo que incita a la comisión de alguna pendejada.

psicoanalista.

Quien se basa en Freud para decir y hacer pendejadas.

pueblerino.

El que se siente mucho mejor haciendo pendejadas como en su rancho.

Expresiones

para pendejo/a, éste/a

Sentencia utilizada para puntualizar y dejar en evidencia al pendejo por antonomasia.

¡Ay, pero si *para pendejo*, éste! ¿Puede creer, comadre, que me pidió volver a la casa después de todo lo que nos hizo?

pendejada

Producto de las acciones del pendejo. El labrador labra, el pastor pastorea, el piloto pilota y el pendejo hace pendejadas.

¿Otra vez tus *pendejadas*, Julieta? Sabes muy bien que...

-P-

pendejez

Estado de conciencia, cualidad principal del pendejo. A mayor pendejez, más grande el pendejo.

¿Ya viste al nuevo sacacopias? No es por ser mala onda, pero se ve que tiene una *pendejez* bien masiva.

pendejo/a

La raza humana que encuentras con mayor facilidad en el mundo. A donde voltees verás al menos uno. Se reproduce de diversas formas: por generación espontánea, por mitosis o por simple contagio.

Ahí viene el *pendejo* aquel. Mejor vámonos porque si no, aquí habrá putazos.

«No hagas cosas
buenas que parezcan
pendejadas.»

pendejo...

quebrado.
Aquel que se quedó sin material creativo y sin presupuesto para sus pendejadas.

quedado.
Al que nadie quiso nunca por feo y por pendejo.

quejumbroso.
El que hace un escándalo hasta de la más nimia pendejada.

quelite.
El pendejo que te robó a tu amiga y al que ella llama su «querer».

quesillo.
Aquel que con el calor se le escurre lo pendejo.

querendón.
Alguien que, por medio de arrumacos y cariñitos, engatusa a uno que otro pendejo.

quid divinum.
Aquel cuyas pendejadas superan la creación divina.

quinto.
Es el pendejo que siempre está platicando de todos sus ligues.

Expresiones

¡¿qué le pasa a ese/a pendejo/a?!

Frase que denota enojo o frustración ante un acto que se considera vil, abusivo o desconsiderado.

¡¿Qué le pasa a ese pendejo?! Va rebasando a todos por la izquierda y en curvas.

¿qué tan pendejo/a…?

Esta pregunta no busca respuesta por parte del interlocutor, aunque sí pretende generar una reflexión sobre la posible consecuencia si sus actos se pudieran haber desarrollado con eficacia.

¿Me quieres ver la cara, Enriqueta?
¿Qué tan pendejo crees que soy?

¿quién es ese/a pendejo/a?

Pregunta emitida con furia desenfrenada provocada por los celos pendejos.

¿Quién es ese pendejo que le da like a tus fotos en bikini, Fulgencia?

¿quién fue el pendejo que…?

Cuestionamiento que se alza como el estandarte de una búsqueda —en ocasiones innecesaria—, cuyo fin será encontrar un pendejo a quien culpar.

¿Quién fue el pendejo que dejó salir a los perros? Ahora a ver hasta qué hora regresan.

«Ésta es la suerte del enamorado y *pendejo*… que echó sus perros al monte y otro se comió el conejo.»

pendejo...

rabón.
Al que sus pendejadas le salen sin el tamaño o longitud ordinaria.

racional.
Aquel que por su inteligencia y argumentos sólo llega a conclusiones y juicios pendejos.

racista.
Es el que cree que las pendejadas cometidas por su raza son superiores a las de los otros.

radical.
Aquel cuya pendejez no tiene atenuantes, sus acciones son definitivamente pendejas.

radioactivo.
El que irradia pendejez por todos los poros.

radiodifusor.
Sujeto que transmite sus pendejadas a través de ondas electromagnéticas.

rajón.
Aquel que se acobarda antes de hacer sus pendejadas.

ralo.
Personaje cuyas pendejadas, además de poco abundantes, carecen de solidez, espesura y densidad.

ramplón.
El que hace pendejadas simplonas y faltas de originalidad.

ranchero.
Sujeto tímido que se avergüenza de sus pendejadas.

rapaz.
Quien tiene un ojo agudo para detectar las pendejadas de otros y se dedica a rapiñarlas.

raro.
Es un pendejo poco común cuyas pendejadas resultan en comportamientos extraños.

rascuache.
Aquel que es tan pobre y miserable que automáticamente se convierte en un pendejo.

ratero.
El que hurta, por pendejo, las ideas pendejas de otros.

pendejo romántico

Todo aquel sentimental
y melancólico que por amor
comete las peores pendejadas.

reaccionario.
Es aquel personaje al que ninguna pendejada social le parece justa, pero carece de los argumentos necesarios para no escucharse como pendejo cada vez que opina.

realista.
Sujeto que tiene muy bien digerido su lugar en el mundo de los pendejos.

rebelde.
Aquel que se niega a obedecer las imposiciones pendejas de alguien más, sólo sigue las suyas.

recompensable.
Personaje que aparece en cada temporada electoral. Generalmente recibe una despensa a cambio de su voto.

redactor.
El que quiere que sus pendejadas queden por escrito.

redomado.
Alguien que es muy cauteloso y astuto al realizar sus pendejadas.

reincidente.
Aquel que no aprendió nada de la experiencia de sus pendejadas. / El que juega al Melate y a la lotería en todos los sorteos, fuma cigarrillos con boquilla y aún vota por el PRI.

religioso.
Quien ruega a Dios para que se le quite lo pendejo.

renacentista.
Aquel que sale de las tinieblas para demostrar que es pendejo.

rencoroso.
Personaje que justifica sus pendejadas, pero no puede perdonar las de los demás.

reposado.
El que descansa para recuperarse después de cometer sus esforzadas pendejadas.

reserva especial.
Quien se guarda sus exquisitas pendejadas para ocasiones de gala.

resignado.
Es aquel al que lo hacen pendejo y está conforme.

rico.
Aquel que tiene millones de pendejadas de sobra.

risueño.
Al que le causan gracia tanto sus pendejadas como las de los demás.

rollero.
El que presume sus victorias, pero en realidad son sólo pendejadas.

pendejo ruidoso

El que te revienta hasta los tímpanos con sus pendejadas.

rosado.
Pendejo que olvidó la pomada.

rompecabezas.
El que está compuesto por pedacitos de varios tipos de pendejos.

roñoso.
Se dice de aquel cuyas pendejadas ya están tan adheridas a él como la mugre.

rudo.
El que comete pendejadas de manera brusca y con cierta violencia.

ruco.
Es al que ni con los años se le quitó lo pendejo.

rutinario.
Aquel que siempre hace las mismas pendejadas.

Expresiones

¡rápido, pendejo/a!

Frase dirigida hacia algún personaje que ya ha colmado la paciencia, generalmente se emplea en un momento de premura extrema.

Durante un robo:
¡Rápido, pendejo! Nos va a caer la tira.

rependejo/a

Un grado superlativo de pendejez. Coloquialmente reservado para aquel más pendejo que el pendejo ordinario.

Mira a ese rependejo: tomando fotos con su cámara carísima en pleno centro de la ciudad.

-R-

¡rífate, pendejo/a!

Expresión de aliento para que un pendejo se anime a hacer algo, a pesar del posible resultado fallido.

—¡Ay no!, ¿qué tal si me da un mal golpe?
—¡Rífate, pendejo! No le saques.

ruégame, pendejo/a

Frase que denota despecho, casi siempre va dirigida al pendejo que dejó escapar al amor de su vida.

—Ándale, Mary, vamos a volver.
—Ruégame, pendejo.

«Existen tres formas de ganarse enemigos: por acción, por omisión y por *pendejo*.»

pendejo...

s'il vous plait.
El que es muy educado y pide 'por favor' que le permitan hacer pendejadas.

sabandija.
Aquel que es vil y ruin al realizar sus pendejadas. / Pendejo repulsivo y molesto.

sabático.
Quien hace pendejadas durante toda la semana, menos el sábado porque descansa.

sabatino.
El que es pendejo de sábado a sábado.

sabiondo.
Alguien que cree que sus pendejadas son lo máximo y sólo es un pobre pendejo.

sabio.
Quien se abstiene de decir sus pendejadas porque ya las sabe.

saltapatrás.
El que heredó las pendejadas tanto de su padre chino como de su madre india, y procura mantenerlas vivas.

sancho.
El otro pendejo.

sangre azul.
Pendejo real, porque es hijo y nieto de pendejos nobles.

sanguijuela.
Aquel que chupa las pendejadas de los demás para alimentar las propias.

sedentario.
Quien pone poco esfuerzo físico para cometer sus pendejadas.

selfmade.
Es el que se siente orgulloso de haber llegado por sí solo a las más grandes alturas de la pendejez.

sesgado.
Persona que tiene preferencia por un solo tipo de pendejadas.

sepulcral.
Aquel en cuyo epitafio se puede leer: pendejo.

Aquel que se da en estado natural, sin haber sido pendejamente domesticado.

Quien se asocia íntimamente con otro pendejo para beneficiarse de sus pendejadas conjuntas.

El que está en lugar de otro pendejo, al cual evoca, por tener con él una relación muy pendeja.

Aquel que causa cierto encanto al cometer sus pendejadas. / Quien causa gracia con sus pendejadas. / Alguien que siente afinidad por otro que es igual de pendejo que él.

Pendejo de poco discurso.

Quien finge ser un gran pendejo y no llega ni a pendejín.

Aquel que es verdaderamente franco al reconocer su pendejez.

Alguien que es tan original en sus pendejadas que nadie puede reproducirlo fielmente.

Persona que no necesita de un tiempo señalado para cumplir con sus pendejadas.

El que no cuenta con ninguna reserva nutritiva, por lo cual, sus pendejadas le salen sin almidón.

Aquel que no paga derecho de piso por sus pendejadas.

Quien carece de la materia fundamental para lograr o decir grandes pendejadas: un «pendejete».

Alguien que no disimula ni disfraza sus pendejadas.

Persona que no necesita pagar sus contribuciones para ir pendejeando por la vida.

Es el «coyote pendejo» que promete hacer las mismas pendejadas que el pendejo titulado, a un precio menor, pero con un costo mayor.

Quien por sus circunstancias y hechos permite suponer que es un pendejo.

El que actúa cínicamente al cometer pendejadas reprobables.

Quien reconoce los derechos y propiedad colectiva de las pendejadas como fundamento del desarrollo de la pendejez en la sociedad.

El que una sociedad pendeja lo hizo pendejo. / Aquel que estudia las leyes y las relaciones que derivan de la pendejez humana.

pendejo siniestro

Alguien que causa horror
y espanto con cada una
de sus pendejadas.

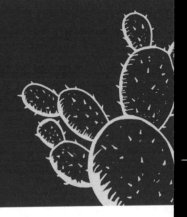

socrático.

Quien demuestra lógicamente
que es pendejo.

solemne.

Pendejo que hace muchas
pendejadas sin trascendencia
y les da mucho valor.

soviético.

El que se cree que todos deben
tener el mismo nivel de pendejez.

surrealista.

Alguien que, sin ningún control
de la razón, pone en práctica sus
imaginarias y oníricas pendejadas.

Expresiones

salir con otra/su/tu pendejada

Muestra de hartazgo ante las constantes pendejadas de alguien. La conjugación del verbo 'salir' puede ser efectuada en cualquier tiempo y número.

¿Ya viste los nuevos memes del presidente? Salió con otra de sus pendejadas.

se le sale lo pendejo/a

Frase empleada para hacer notar la evidente estupidez que alguien carga dentro, y en cualquier momento deja en libertad.

Ay, pobre Miguelín, se las da de muy inteligente, pero se le sale lo pendejo por todos lados.

S

suena pendejo

Se emplea para evidenciar lo que parece una mentira.

—Juanito me dijo que ya no quiere estar conmigo porque le provoco alergia.

—*Suena pendejo*, como él.

sus/tus pendejadas...

Se usa para recalcar la infinitesimalidad de las pendejadas de alguien, ya sea por que son incontables o porque son extremadamente grandes —o ambas.

—...y de pronto, que se para y que se sale azotando la puerta.

—Ay, *sus pendejadas...*

«Hay que tenerle miedo a los *pendejos,* en número son excesivos y es imposible cubrir su frente; son como las hormigas, se han inventado insecticidas y no han logrado exterminarlas.»

pendejo...

tacaño.
El que se resiste, injustificadamente, a compartir sus pendejadas.

tácito
Personaje que no necesita expresarse para evidenciar que es un pendejo.

táctico.
El que adopta un plan o sistema para cometer sus pendejadas.

tachado.
Sujeto que es borrado de cualquier lista porque sus pendejadas son defectuosas o imperfectas.

taciturno.
Aquel que por su actitud melancólica deja que le pasen pendejadas, sin intentar detenerlas.

tahúr.
Al que se le hizo vicio jugar al pendejo.

talismán.
Sujeto al que otro pendejo le da poderes mágicos para protegerlo de pendejadas, sin lograrlo.

tanteador.
Aquel que mide el terreno para ver qué alcance tendrán sus pendejadas.

tarado.
El que comete pendejadas de manera lenta, y le cuesta trabajo comprender si ya las hizo o no.

tartamudo.
Quien todo lo que intenta decir suena a pendejada.

tautológico.
El que no se cansa de repetir la misma pendejada una y otra vez.

taxonómico.
Aquel que lleva un estricto orden al clasificar todas las pendejadas que hizo.

tedioso.
El que por pendejo soporta las pendejadas de otro pendejo.

técnico.
Quien sigue los procedimientos necesarios para elaborar sus pendejadas.

pendejo trascendente

El que hace pendejadas que perduran para la posteridad.

tecnicolor.
Sus pendejadas pueden apreciarse en todos sus matices.

telescópico.
El que desde lejos se nota que es pendejo.

tenaz.
Quien se esfuerza mucho por ser pendejo.

tenebroso.
Al que ni las tinieblas le cubren su pendejez.

tentativo.
El que intenta hacer una pendejada, pero ésta no se consuma por su pendejez.

terminal.
Sujeto cuya pendejez es irreversible, y será la causa de su muerte.

tertuliano.
Integrante de reuniones nocturnas que suele conversar sobre las pendejadas que hizo en la semana.

testarudo.
Quien insiste en que él no hace ninguna pendejada.

testigo.
Pendejo que disfruta dar testimonio de las pendejadas ajenas.

thriller.
Aquel que provoca fuerte tensión emotiva con sus pendejadas.

tialista.
El pendejo más baboso.

típico.
Quien hace pendejadas muy características de un país o región.

titulado.
Sujeto que valida sus pendejadas con un papel oficial que no le sirve para quitarle lo pendejo.

tiznado.
Al que le caen todas las pendejadas en la cara.

tozudo.
El que se obstina, una y otra vez, en hacer la misma pendejada.

trabajador.
Aquel que hace pendejadas de 8:00 a 12:00 y de 16:00 a 18:00 hrs.

tradicional.
Al que no le gustan los cambios y sigue cometiendo las mismas pendejadas de siempre.

traicionero.
El que actúa en contra de la lealtad y fidelidad que le debe a sus pendejadas.

pendejo trovador

El que recibe la inspiración de las musas para decir y hacer pendejadas.

traidor.
Quien hace pendejadas en contra de las convicciones y principios que aparentaba sostener.

transcontinental.
El que por medio de sus travesías va haciendo pendejadas en distintos continentes.

transpendejo.
Es un pendejo transitorio que está más allá del pendejo actual, pero no alcanza aún las capacidades del postpendejo.

triangular.
Aquel que es pendejo por los tres lados.

trompa talega, a.
Personaje que hace pendejadas de manera descuidada y sin orden.

turbio.
El que, a primera vista, no se ve y no se sabe bien si es pendejo o no.

turulato.
Apendejado, estupefacto, baboso y pendejo.

Expresiones

—T—

te pendejearon

Ya sea en tono burlón o de decepción, esta aseveración se utiliza para recalcar lo que ya es evidente y necesita ser recordado. Su uso puede ser sustituido por un sutil: 'te apendejaste'.

¿Cómo que tu novia llegó a la fiesta con otro? ¡Enfrente de ti! ¡Te pendejearon!

todo/a pendejo/a

Frase con la que se trata de hacer evidente la pendejez de alguien a quien se le encargó una tarea y la hizo mal. También puede usarse acompañada del verbo *estar*.

Todo pendejo, ¡así no debes pintar la barda!

Van tres veces que me equivoco, estoy *todo pendejo.*

-T-

¡teiquirisi, pendejo/a!

Retomada del inglés *take it easy*, 'relájate', se emplea para calmar el estado fúrico de un camarada en apuros de diversa índole.

¡Teiquirisi, pendejo! No le reclames de sopetón, primero asegúrate que te esté poniendo el cuerno.

¡tómala, pendejo/a!

Expresión que se pronuncia con alegría y regocijo cada vez que a un pendejo que nos causó un daño, se le regresa el karma.

¡Tómala, pendejo! Para que veas cómo se siente que te humillen en público.

«**Todas las cosas pasan por algo: por** *pendejo,* **por ejemplo.**»

pendejo...

ubicuo.
Es el pendejo al que tienes la mala fortuna de toparte en todos lados.

único.
Aquel que destaca dentro de su especie por sus excepcionales pendejadas. / Pendejo singular, extraordinario.

unilateral.
Es el pendejo que es pendejo de un solo lado.

urólogo.
Especialista que le mira el pene con desprecio a un pendejo, se lo agarra con asco y le cobra como si se lo hubiera chupado.

usuario.
Aquel que hace y soporta pendejadas de manera ordinaria.

utópico.
Quien cree que hay un lugar ideal para hacer mejores pendejadas.

Expresiones

un pendejal de

Cantidad desmedida de algo. No siempre son pendejadas, aunque sí resulta pendejo pensar que haya tanto de aquello.

Fue *un pendejal de* gente a la marcha del Movimiento Para el Respeto a los Derechos de los Seres Inanimados de Forma Humanoide y con Evidentes Sentimientos (MPRDSIFHES).

¡uta, qué pendejo/a!

Interjección empleada para evidenciar y exacerbar la condición de quien ha cometido una gran pendejada, puede incluso aplicar para uno mismo .

¡Uta, qué pendeja! Dejé caer mi celular a las vías del metro.

un/a pendejo/a cualquiera

Frase que denota desprecio hacia una persona, a quien se considera de un rango menor o poco eficiente para el cumplimiento de alguna tarea.

¿Puedes creer que contrataron a un pendejo cualquiera para ocupar el puesto de gerente?

¡uy, ese/a pendejo/a!

Interjección producida por una gran sorpresa, en la que se espera que algo malo le suceda a un pendejo y, sin embargo, todo le sale bien.

¡Uy, ese pendejo! ¿Viste que casi se mata?

«*Pendeja* la madre,
pendeja la hija
y *pendeja* la manta
que las cobija.»

pendejo...

vacacionista.
Aquel que no conforme con pendejear en la ciudad, se dedica a cometer pendejadas en un sitio turístico durante el verano.

vacante.
Personaje que, como no está ocupado, tiene la virtud de recibir todas las pendejadas ajenas.

vacilador.
El que echa relajo y se burla alegremente de sus pendejadas.

vacilante.
Sujeto que titubea al cometer sus pendejadas.

vacuo.
Aquel cuyas pendejadas carecen de contenido.

valemadrista.
El que reconoce: «Soy muy pendejo ¿y qué?».

valiente.
Quien se rompe la madre por cualquier pendejada y es capaz de dar la vida por pendejadas.

vanguardista.
El que va siempre adelante en la experimentación de pendejear, con el objetivo de conseguir originalidad en sus pendejadas.

vaporoso.
Pendejo muy apreciado, ya que le salen pendejadas muy finas, traslúcidas y ligeras.

vaquetón.
Aquel que va retrasando la elaboración y factura de sus pendejadas por indolencia.

variado.
Aquel con gran gama de pendejadas.

vectorial.
El que funge como transmisor de pendejadas altamente nocivas.

veleta.
Quien nos indica hacia dónde dirige sus pendejadas.

ventrílocuo.
El que hace parecer a otro como el ejecutor de sus pendejadas.

pendejo vegano

Alguien que no tiene que comer nada que provenga de los animales para ser pendejo.

verde.
Aquel que está en proceso de maduración para volverse más pendejo.

vigoroso.
El que no se cansa de hacer y/o decir pendejadas.

visionario.
Alguien que prevé y prepara pendejadas para el futuro.

visitante.
El que hace pendejadas sólo en la casa del pendejo local.

vocero.
Quien habla en nombre de otro pendejo, llevando su voz, representación y pendejadas.

voluminoso.
Aquel cuya pendejez ocupa mucho espacio.

voluntarioso.
Dícese de aquel que por capricho quiere hacer sus pendejadas.

voluptuoso.
El que busca sentir y provocar placer sexual con sus pendejadas.

vomitivo.
Pendejo que es capaz de provocar el vómito.

voraz.
El que se traga las pendejadas.

VSOP.
Very Special Old Pendejo.

«¡Ay, *pendejos,*
cómo abundan!»

pendejo...

wanderlust.
Aquel que viaja por el mundo con un deseo irrefrenable de cometer pendejadas.

wannabe.
El que siendo un pobre pendejo, se junta con pendejos superiores sólo para presumir sus pendejadas.

web.
Personaje que publica pura pendejada en internet.

wey.
Pendejete.

weirdo.
Aquel que es «rarín» y pendejo.

«Para *pendejo* no se estudia.»

pendejo...

x.

Cualquier pendejo.

xerox.

Aquel que es un experto en copiar las pendejadas de los demás sin alterar su origen.

xirgo.

El que se queda chico en sus pendejadas.

xoloitzcuintle.

Mexicano pendejo con cara de perro.

«Al que apaña
Dios lo acompaña,
y al que se *apendeja*
Dios lo deja.»

pendejo...

yogui.
Personaje que cree que lo pendejo se quita con el poder de la mente.

yoyo.
El que sube y baja haciendo pendejadas de manera sucesiva.

yoista.
Quien apela a su «yo» para hacer pendejadas.

yuxtapuesto.
Aquel que se pone al lado de otro pendejo para ver si mejora.

Expresiones

ya valiste, pendejo/a

Amenaza dirigida hacia un pendejo que tuvo la osadía
de molestar a alguien o que no cumplió con su palabra.

Te dije que tenías hasta hoy para pagarme,
y como no sucedió... *ya valiste, pendejo.*

¿y este/a pendejo/a...?

Cuestionamiento que se hace cuando alguien, de quien
no se sabe su procedencia, se entromete en un asunto.

En una junta de trabajo:
—Yo opino que sus métodos no funcionan.
—¿*Y esta pendeja* quién es o qué hace aquí?

¿y tú qué, pendejo/a?

1. Pregunta que se hace a un camarada durante un reencuentro para saber qué ha sido de su vida. 2. Cuestionamiento hacia un desconocido para saber por qué anda de metiche.

👉 1. Yo me casé hace un año, ¿y tú qué, pendejo?

👉 2. ¿Y tú qué, pendejo? A ti nadie te llamó.

yo aquí, aguantando tus pendejadas

Reproche a quien actuó de manera contraria a como era esperado, al menos más de una vez.

👉 Yo aquí, aguantando tus pendejadas ¿y tú todavía te atreves a pedirme que te aumente el sueldo? ¡Sal de mi oficina inmediatamente!

«No juzgues a las personas por su raza, credo o preferencia sexual, júzgalos por *pendejos* y ya.»

pendejo...

zancudo.
Aquel que aprovecha la oscuridad para chingar con sus pendejadas.

zombi.
Personaje que ni estando muerto se cansa de hacer pendejadas.

zoquete.
Al que le cuesta trabajo procesar que ha cometido una pendejada.

zurdo.
El que comete pendejadas con el hemisferio izquierdo del cerebro.

Sobre lo pendejo y sus derivados

A lo largo y ancho del continente americano encontramos un sinfín de términos cuyo significado deriva de *pendejo* y que pueden ser empleados según la ocasión o el estado de ánimo. A continuación se presentan algunos de ellos y su uso.

apelotardado, a.

    (CO). Apendejado, atontado.

apelotardarse.

    (CO). Apendejarse, atontarse.

apencado.

    (CU). Apendejado, persona acobardada.

apendejado, a.

    adj./sust. (MX, NI, RD, PR, CO, VE). Persona atontada. Equivalente a 'agüevado, apelotardado, atembado'.

    adj./sust. (EE. UU., HO, NI, PA, CU, RD, PR). Persona acobardada, atemorizada. Sinónimo: *acundangado, ahuevado, apencado, arratonado.*

    adj./sust. (AR, UR). Adulto que tiene hábitos propios de los jóvenes.

    (CH). Persona que tiene actitudes inmaduras.

apendejamiento.

    (NI, VE, CU, HO, MX). Acción y efecto de apendejarse —estado momentáneo de incapacitación.

apendejar.

    (CU, RD). Atemorizar.

(CU, MX, NIC, PAN, RD, VE). Acobardarse.

(CO, HO, ME, RD). Hacerse bobo o estúpido.

apendejar(se).

intr. prnl. (MX, ES, NI, PA, PR, VE). Atontarse. desp. *apelotardarse.*

(CO). Desanimar alguien o algo a una persona.

intr. prnl. (PA, CO). Desanimarse.

intr. prnl. (EE. UU., NI, PA, CU, RD, PR). Acobardarse.

intr. prnl. (NI, VE). Quedar incapacitado momentáneamente, con pérdida de los sentidos y del movimiento a causa de algún golpe o impresión.

intr. prnl. (CH, UR). Adquirir un carácter infantil e inmaduro.

pendejada.

Tontería que dice o comete uno.

f. coloq. tontería, burla, broma, generalmente pesada.

(ARG, PAR). Grupo de chicos jóvenes.

(ARG, PAR). Modo infantil de hablar o actuar.

(RD, PE, BO, O, PR). Acto deshonesto cometido con astucia.

(RD, PR, BO). Hecho o situación muy molestos o dañinos.

(CH). Acto malintencionado para perjudicar a otro.

(HO). Pretexto o disculpa no creíbles.

(RD, PR). Cobardía, falta de coraje.

pendejamente.

adv. (RD, PR, CO). De forma sencilla, sin complicaciones y como si no tuviera importancia.

pendejear.

(COL, EC, MX, HO, NI, PR, UR, BO, VEN). Hacer o decir necedades o tonterías.

(SALV, MX, HO, ES, BO, UR). Andar perdiendo el tiempo.

(ES, PA, CO). Huevonear, haraganear.

(ES, PR). Hablar más de la cuenta.

(MX). Reprender a alguien, dando por sentado que es incapaz o tonto.

(PE). Realizar el coito o flirtear con una persona que no es la pareja, utilizando tretas y artimañas.

(PE). Actuar con astucia y artimañas en provecho propio.

pendejera.

(NI, VE). Tontería, cosa sin importancia.

(ES, NI). Actitud estúpida.

(ES). Somnolencia como efecto de la droga.

(CU). Pelo púbico.

(ES). Borrachera.

adj. (PE). Persona o cosa insignificante, sin importancia.

sust./adj. (HO). Persona tonta.

pendejete.

adj. desp. de pendejo, que aminora la agresividad del término original.

(MX). Tontería.

Cosa o acto pendejo, pendejada.

(HO, EC). Estupidez y tontería.

(CU). Cobardía.

(RD, PR). Persona insignificante, de poca o ninguna importancia.

adj./sust. (MX, GU, HO, ES, NI, PA, CU, RD, CO, VE, EC, BO, PY, PR, UR). Que es tonto en extremo, estúpido; que resulta despreciable, euf. pensador.

sust. (PA, PR, CO, EC). Persona simple, crédula y fácil de engañar.

adj. (GU, HO, MX, PA, CH). Referido a cosa de escaso valor, insignificante, sin importancia.

adj./sust. (MX, NI, CR, PA, CU, RD, CO, PR). Dicho de alguien cobarde, pusilánime.

Persona que se comporta como un niño siendo adulto.

(CH, AR, UR). Niño, muchacho, adolescente.

adj. coloq. De vida irregular y desordenada.

m. Pelo que nace en el pubis y en las ingles.

Mujer de vida desarreglada.

adj. (CO). Persona que se comporta de forma tonta.

adj. (PE). Persona que se comporta de manera astuta o taimada.

penderejil.

sust./adj. (BO). Persona inteligente, viva.

pendejitis.

f. (CU). Cobardía.

penitente.

adj. Eufemismo de pendejo.

pentonto.

adj. Eufemismo de pendejo.

Más allá de lo pendejo

abuso de autoridad.
Circunstancia agravante que consiste en valerse del carácter público
que tenga el presunto pendejo.

abuso de confianza.
Infidelidad que consiste en que un pendejo perjudique a otro
que ha sido más pendejo por poner su confianza en ése.

abuso de superioridad.
Circunstancia agravante determinada que destaca por aprovechar,
en la comisión de las pendejadas, una notable desproporción de
fuerza o número entre pendejos y víctimas.

acabose.
Haber llegado al extremo de la pendejada.

afrenta.
Deshonor que resulta de alguna pendejada.

afuera.
Lugar donde deben permanecer los pendejos.

alboroto.
Vocerío o estrépito ocasionado por una o varias pendejadas.

amor.
Enfermedad temporal que se cura con el matrimonio. / Palabra
de cuatro letras, dos consonantes, dos vocales y dos pendejos.

antecedente.
Acción, dicho o circunstancia anterior que sirve para juzgar
pendejadas posteriores y echar la culpa al más pendejo.

apendejarse.
Clavarse en ondas que no existen.

árbitro.

   Pendejo.

asombrar.

   Dejar a alguien con cara de pendejo.

atenuante.

   Ser pendejo.

baba.

   Líquido pegajoso segregado por los pendejos y por algunos moluscos terrestres.

babel.

   Lugar en que hay confusión, por estar atestado de pendejos —monoglotas.

bailar.

   Es la frustración vertical de un deseo horizontal de cualquier pendejo.

bajeza.

   Acción indigna, propia de pendejos.

belleza.

   Conjunto de cualidades cuya contemplación produce pendejez.

busto.

   Estatua de un pendejo sin manos.

cabronada.

   Acción infame que permite algún pendejo contra su honra.

censo.

   Padrón o lista de pendejos.

cerebro.

   Órgano que sirve a cualquier pendejo, para que piense que piensa.

cerrar.

   Acción de dejar fuera a los pendejos.

China.

   País poblado a lo pendejo.

chingar.

   Hacer pendejo a alguien.

confianza.

   Vía libre que se le da a cualquier pendejo para que cometa una serie de pendejadas.

cortón.
Mandar a un pendejo a volar.

cuatro.
Número de pendejos en un cuarteto.

curriculum vitae.
Relación más o menos ordenada de todas las pendejadas cometidas en la vida.

dictadura.
Sistema político en el que un solo pendejo ejerce el poder, sin limitaciones constitucionales a sus pendejadas.

diplomacia.
Arte de utilizar la pendejez con sutileza y educación.

dolor de cabeza.
Anticonceptivo más usado por la mujer en estos tiempos para evitar a cualquier pendejo.

examen oral.
Prueba para pendejos que desean conseguir una excelente chamba.

indiferencia.
Actitud que adopta una mujer hacia un pendejo que no le interesa, la que es interpretada por ése mismo pendejo como: «Se está haciendo la difícil».

lengua.
Órgano sexual que algunos pendejos incautos usan para hablar.

licor.
Bebida apendejante.

modestia.
Reconocer que uno es pendejo, pero sin decírselo a nadie.

ninfómana.
Término que utiliza un pendejo respecto a la mujer que tiene sexo más a menudo que él.

ombligo.
Especie de «timbre» que exhiben las mujeres y que excita a cualquier pendejo que se anima a tocarlo, para ser atendido por el marido o el otro.

quórum.
Se da cuando más de la mitad de los asistentes de una reunión o asamblea son pendejos.

referencia.

Al pendejo de referencia lo utilizamos para dar indicaciones, verbigracia: «Ahí, donde está ese pendejo de camisa roja, das vuelta a la derecha».

supermodelo.

Evidencia objetiva de que todos los demás pendejos están mal hechos.

tautología.

Fórmula lógica sentencial que es siempre válida, prescindiendo de los valores de verdad, de las proposiciones integrantes. En todo cálculo sentencial intervienen tautologías que son tomadas como axiomas, y las restantes se prueban como teoremas, dejando a todo el mundo con la cara de pendejo.

trabajo en equipo.

Posibilidad de echarle la culpa a cualquier pendejo.

¡uta!

Interjección provocada por alguna pendejada.

víctima.

Persona que padece daño por culpa de algún pendejo o por alguna pendejada fortuita.

victimario.

Pendejo.

vulgo.

El común de los pendejos.

weberio.

Castellanización de *weber*, que los pendejos confunden con 'muchos huevos'.

Horóscopos

Aries

21 marzo – 19 abril

Tú sí eres el típico *pendejo* con iniciativa. El mejor y el único para hacer *pendejadas*. Vives pensando que las *pendejadas* de los demás son inferiores y que no hay nadie como tú para hacerlas.

Pendejo, pendejo, pero nadie te ve la cara. Eres talentoso como **Eric Clapton** y **Elton John**. Haces trucos *pendejos* como **Henry Houdini** y te crees el muy salsa como **«La Doña», María Félix**; sin embargo, acabas siempre poniendo tu carota de *pendejo,* como **Hitler**, que se suicidó por *pendejo* y ojete.

Tauro

20 abril − 20 mayo

¡Ay, mi Tauro, mi Tauro! Te empeñas en ser el más *pendejo* del planeta. No hay manera de convencerte de que puede haber otros más *pendejos* que tú y, además, menos obstinados. Desde niño te empeñabas y te aferrabas a tus *pendejadas*.

Eres el típico *pendejo* que se cree que todo lo puede lograr, como **Eva Perón** y **Juan Pablo** II, enojón como **Karl Marx** y de poca paciencia como **Leonardo Da Vinci**. Pero eso sí, eres muy celoso de tus pinches *pendejadas* y no dejas a nadie repetirlas, ni copiarlas, ni que te las roben.

Géminis

21 mayo – 20 junio

Tus *pendejadas* son cambiantes y chingonas, géminis. Tienes doble personalidad, pero en las dos eres bien *pendejo*; además, en ti se conjuntan las fuerzas del bien y del mal para hacer las *pendejadas* más originales.

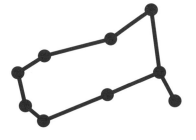

Eres como **Paul Gauguin**, un pendejo narcisista, voluble y depresivo como **Marilyn Monroe** y muy sacalepunta como **Henry Kissinger**, pero al fin y al cabo, *pendejo*. No te dejas llevar, porque tus *pendejadas* están hechas con encanto.

Cáncer

21 junio – 22 julio

Sécate esas lágrimas y deja de hacer tanta *pendejada*, que después te andas quejando con todos, arrepentido y deprimido. Te acongojas y haces capricho con tal de que los demás toleren tus *pendejadas* y no paras hasta lograrlo.

Eres un *pendejo* consentido y mimado como **Marcel Proust**, un *pendejo* de cuento como **Lady Di**, y un *pendejo* rarito y original como **Franz Kafka**. Ahora bien, eres creativo y auténtico en tus *pendejadas* y por eso lloras de *pendejo* como **Frida Kahlo**.

Leo

23 julio — 22 agosto

Pendejo y sensual león, tú sí brillas por *pendejo*; brillas tanto y tan bien que todo el mundo te reconoce por tus *pendejadas*, de las que, además, te sientes muy orgulloso. Tu lema es: «Soy un *pendejo*, mírenme».

Como **Napoleón Bonaparte**, haces *pendejadas* y la cagas, pero te aguantas y no lo reconoces. Eres un *pendejo* manipulador como **Alfred Hitchcock** y podrías acabar como un tirano *pendejo*, tal como acabó **Benito Mussolini**.

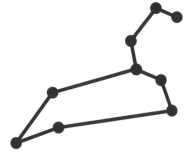

Virgo

23 agosto – 22 septiembre

Sí, Virgo, tus *pendejadas* son perfectas y te empeñas en hacerlas con excelencia, porque en eso nadie te gana. Por *pendejo* acabas preocupándote por cualquier cosa, y criticas a otros por sus *pendejadas* porque te crees que las tuyas están mejor hechas.

Puedes ser un *pendejo* letrado como **Julio Cortázar** o un *pendejo* noño como **Mary Shelley**, lo que sí es cierto es que puedes llegar a hacer *pendejadas* perfectas y a lo grande como **Porfirio Díaz**.

Libra

23 septiembre – 22 octubre

Eres el típico *pendejo*
que vive en las nubes, Libra.
Eres idealista y apasionado
y piensas que algún día tus
pendejadas te harán feliz.
A veces dudas: ¿seré *pendejo*
o no seré *pendejo*?

Contigo hay que tener
cuidado porque tus *pendejadas*
te pueden llevar a la cárcel
como a **Oscar Wilde**
o a hacerte misántropo
e insufrible como **Friedrich
Nietzsche**, o simplemente
a un rarito de concurso
como **Mark Rothko**.

Escorpión

23 octubre — 21 noviembre

Tú haces las *pendejadas* que te da tu rechingada gana, cuando te da, y porque te da. Así eres, un *pendejo* muy autosuficiente. No pides ayuda a nadie para hacer las *pendejadas* y además te solazas en ellas.

Como **Auguste Rodin**, eres un *pendejo* soberbio, además de tener muy alta tu autoestima de *pendejo* como **Pedro Infante**. Acabas siempre cagándola y ¡aguas!, porque puedes acabar como **Carlos Fuentes**: solo y odiado por *pendejo*.

Sagitario

22 noviembre – 21 diciembre

Sagitario, vuelas por los aires y no aterrizas, y cuando aterrizas haces pura *pendejada*. Al ser un espíritu libre haces *pendejadas* sin ton ni son, sin porqué y sin causa, porque te da la gana y «¿por qué no?».

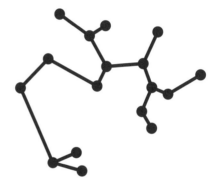

Como **Diego Rivera**, a veces haces *pendejadas* de millones de dólares; otras veces sueñas despierto en tus propias y absurdas *pendejadas* como **Remedios Varo**, y a veces te vuelves un *pendejo* maldito como **Joseph Stalin**.

Capricornio

Tú sólo haces *pendejadas*
si te dan algo a cambio
o si la consecuencia
es choncha. Te la pasas
persiguiendo la lana para
poder seguir haciendo
pendejadas sin preocupación.
Vas derecho sin quitarte,
haces *pendejadas* y te desquitas.

Puedes ser un *pendejo* mamón
como **Muhammad Alí** o un
pendejo muy comprometido
como **Rigoberta Menchú**,
pero también puedes ser un
pendejo borracho como **José
Alfredo Jiménez**.

Acuario

20 enero − 18 febrero

Sí, Acuario, todos sabemos que eres el elegido para hacer las más sublimes y únicas *pendejadas* del universo. Además, como te crees medio genio, tratas de hacer tus *pendejadas* con gran genialidad y te salen excelsas.

Al ser medio loquillo, tus *pendejadas* son únicas como las de **Mozart** y originales como las de **Jackson Pollock**. Puedes llegar a ser un pendejo *weirdo* como **Lewis Carroll**.

Piscis

19 febrero − 20 marzo

¡Oh, lindo pececito!, te pasas de *pendejo* y, como eres muy sensible, siempre terminas mal. Fluyes por la vida y vas fresco haciendo *pendejadas* de las que a veces ni te enteras. Piensas solamente en ti y nada más en ti, y no sabes ni por dónde empezar a deshacer tus *pendejadas*.

Puedes llegar a ser un *pendejazo* como **Antonio López de Santa Anna** o también un *pendejo* deprimido como **Oscar Kokoscha**, pero quizás puedes acabar como *pendejo* adicto, tal como terminó **Kurt Cobain**.

Pendefrases
de gente famosa

«Yo sólo sé que soy un *pendejo*.»

Sócrates

«La duda es uno de los nombres
de la *pendejez*.»

Jorge Luis Borges

«Un *pendejo* es un hombre que ha
cometido todos los errores posibles
en un campo muy pequeño.»

Niels Bohr

«Qué clase de mundo es éste que puede
mandar máquinas a Marte y no hace nada
para detener la *pendejez* del ser humano.»

José Saramago

«La mente es igual que un paracaídas:
sólo funciona si se abre. A los *pendejos*
no les sirvió ni el paracaídas de emergencia.»

Albert Einstein

«Nunca he encontrado a una persona
tan *pendeja* que no se pueda aprender
algo de ella.»

Galileo Galilei

«Sabemos lo *pendejos* que somos, pero
no lo *pendejos* que podemos llegar a ser.»

William Shakespeare

«Si he hecho descubrimientos invaluables,
ha sido más por *pendejadas* que por cualquier
otro talento.»

Isaac Newton

«Yo soy yo, y mi *pendeja* circunstancia.»

Ortega y Gasset

«Antes de poner en duda el buen juicio de tu mujer, fíjate con el *pendejo* que se casó.»

Proverbio egipcio

«La mente humana es limitada, pero la *pendejez*, ilimitada.»

Wilhelm Steinitz

«El respeto a las *pendejadas* ajenas es la paz.»

Benito Juárez

«La malicia de unos nace siempre
de la *pendejez* de otros.»

Ernest Renan

«Ella se enamoró como se enamoran todas
las mujeres inteligentes: como *pendeja.*»

Ángeles Mastretta

«Le tengo miedo a los *pendejos,*
porque son muchos y pueden elegir
un presidente.»

Facundo Cabral

«Yo sé que las *pendejadas* son
imprescindibles, pero no sé para qué.»

Jean Cocteau

Frases
populares

«Parece que tus cinco minutos de *pendejo* los tienes cada media hora.»

«Cuando te vi, creí que eras un *pendejo*. Luego te conocí, y sí que eres un *pendejo*.»

«El amor es ciego, pero no *pendejo*.»

«¿Para qué te disculpas si vas a seguir con tus *pendejadas*?»

«Sabes que estás enamorada cuando se te quita lo cabrona y te sale lo *pendeja*.»

«Tan hermosa la vida y tan *pendeja* la gente.»

«Todos tienen derecho a ser *pendejos*... pero tú abusas de ese privilegio.»

«No todos los hombres son iguales, que ustedes elijan a la misma clase de *pendejo* es otra cosa.»

«Si los amigos valen oro, no seas *pendejo* y véndelos.»

«Vale más una protesta *pendeja* que un *pendejo*.»

«Si pagaran por hacerte *pendejo*, serías millonario.»

«Si fuésemos honestos, aceptaríamos que la mayoría de nuestros problemas los tenemos por *pendejos* o huevones. Así no andaríamos repartiendo culpas.»

«Las mujeres nacimos para aguantar tacones,
no *pendejos*.»

«Dios mío, mándame pena y dolor, pero lidiar
con *pendejos* no me lo mandes, Señor.»

«No eres mala persona, sólo te *apendejas*.»

«Enamorarse a lo *pendejo* no es malo, enamorarse
de *pendejos*, sí.»

«10 % de los problemas son por *pendejo*,
el resto son por metiche.»

«Ponte chingón, que *pendejo* no me sirves.»

«Cuando discutes con una mujer, si se *apendeja*,
empatan.»

«Para un *pendejo* indeciso, mejor soltera
y sin compromiso.»

«Si usted siente algo, demuéstrelo: no sea *pendejo*.
Si no siente nada, no ilusione: no sea cabrón.»

«Ser optimista no es sólo sonreír a lo *pendejo*.»

«No me preocupa morir, sino vivir a lo *pendejo*.»

«Si a las *pendejadas* te acostumbras, *pendejo* quedarás.»

«Si eres feo, no te puedes dar el lujo de ser *pendejo*.»

«Dios perdona los pecados, pero no
las *pendejadas*.»

«Tener razón no quita lo *pendejo*.»

«La *pendejez* es la enfermedad más rara, porque
no es el *pendejo* el que la sufre, sino todos los demás.»

«*Studies show that* eres un *pendejo*.»

«Tener razón no quita lo *pendejo*.»

«¡Qué mala combinación, que te traigan bien *pendeja*
si ya eres bien *pendeja*!»

«Hay personas a las que les quitas lo *pendejo*
y se quedan sin nada.»

«Lidiar con *pendejos* causa estrés.»

«Cada cabrón tiene su *pendejo*.»

«Cuando uno está muerto, uno no sabe que está
muerto; los demás sí lo saben y ellos son los que
sufren, lo mismo pasa con los *pendejos*.»

Canciones

«Conseguí llegar
viejo verde
mendigando amor,
¿qué esperabas de
un *pendejo* como yo?»

**«Canción de primavera»,
Joaquín Sabina**

«Quiero ser
un *pendejo,* aunque
me vuelva viejo.
Quiero vivir cien
veces la vida,
que corra siempre
en mis venas
la adrenalina.»

**«Pendeviejo»,
Los auténticos decadentes**

«Cuídate de
los *pendejos,* que
los vivos cuidarán
de ti. Hay *pendejos*
que hacen guerra
y otros que eligen
por ti.»

**«Pendejo»,
Los Rastrillos**

«Yo nomás le pido
a Dios, mi súplica
yo le dejo, que
me haga guapo
y muy rico,
y que me quite
lo *pendejo*.»

**«Pendejo»,
Armando Palomas**

«El *pendejo* se va
como camina, mire
no más. En vez de
irse para adelante, el
pendejito se va pa'tras.
Ay, qué chispas son
los *pendejos* con su
modito de caminar.»

**«El pendejo»,
Óscar Chávez**

«Yo por eso me quejo y me quejo,
porque aquí es donde vivo,
yo ya no soy un *pendejo.*
[...]
¡Que se sienta el power mexicano!
Que se sienta, todos juntos como hermanos,
porque somos más, jalamos más parejo,
¿por qué estar siguiendo a una bola de *pendejos?*»

«Gimme tha power», Molotov

Texto pendejo

Facundo Cabral

«Mi abuela decía: "Habría
que acabar con los uniformes
que le dan autoridad a
cualquiera. ¿Qué es un general
desnudo?" ¡Y tenía razón!
Y tenía derecho a hablar
de esto porque estuvo casada
con un coronel que era
realmente un hombre valiente;
solamente le tenía miedo
a algo: a los *pendejos.*

Un día le pregunté por qué
y me respondió: "Porque
son muchos y no hay forma
de cubrir semejante frente.
Y por temprano que te
levantes, adonde quiera
que tú vayas, ya está lleno
de *pendejos;* y son peligrosos,
porque al ser mayoría eligen
hasta al presidente".»

Citas literarias

«En una ocasión, el infaltable necio le hizo una pregunta necia a Elizondo, al término de una charla del escritor:
—Es usted un *pendejo* —le contestó Elizondo.
—Señor Elizondo, no me insulte.
—No lo insulto; lo defino.»

Tributo a Salvador Elizondo, Carlos Fuentes

«Si te asedian los complejos, principia este libro a hojear, pues en él habrás de hallar, de tus prejuicios, reflejos, y soluciones sin contar… pues entre tanto *pendejo,* ¡con alguno te has de identificar!»

No corras riesgos, ¡hazte pendejo!, Carlos R. Erhard

«El coronel Gerineldo Márquez acudió aquella tarde a un llamado telegráfico del coronel Aureliano Buendía. Fue una conversación rutinaria que no había de abrir ninguna brecha en la guerra estancada. Al terminar, el coronel Gerineldo Márquez contempló las calles desoladas, el agua cristalizada en los almendros, y se encontró perdido en la soledad.

—Aureliano —dijo tristemente en el manipulador—, está lloviendo en Macondo.

Hubo un largo silencio en la línea. De pronto, los aparatos saltaron con los signos despiadados del coronel Aureliano Buendía.

—No seas *pendejo*, Gerineldo —dijeron los signos—. Es natural que esté lloviendo en agosto.

Tenían tanto tiempo de no verse, que el coronel Gerineldo Márquez se desconcertó con la agresividad de aquella reacción.»

Cien años de soledad, **Gabriel García Márquez**

«Entramos en la biblioteca. Lo primero que vi fue los tres tomos de La verdadera historia de México, de Berrihondo, pero me hice *pendejo* y pasé un rato largo fingiendo que la buscaba.»

La casa de los inventos, Jorge Ibargüengoitia

«No es cierto que me van a publicar mi novela. Me la rechazó don Joaquín. Así en seco: me la rechazó. Mandó hacer el informe a un estúpido que me pone del asco. Dice que no sé escribir, que estoy en pañales, que no tengo la menor idea de cómo se cuenta una historia. Hasta se atreve a darme pinches consejitos de escuela primaria el muy imbécil. Es horrible lo que me dice ese *pendejo*. Horrible, horrible, no tienes idea».

Sentimiento de culpa, Vicente Leñero

«Cuando excursionaba por esos senderos, su amiga
no se daba el trabajo de halagarlo con fingido interés,
lo congelaba con una mirada de hielo y le ordenaba
dejarse de *pendejadas.*»

El plan infinito, Isabel Allende

«—¡Si todavía estás dormido, *pendejo!*
En efecto, el «ambulante» estaba dormido aún
y mantenía los ojos cerrados, sin darse cuenta de nada.»

Los muros de agua, José Revueltas

«—Mira, *pendejo,* ya llegaste aquí con nosotros, así es que
tienes que decir que sí, aunque no hayas hecho nada. Tienes
que declararte culpable porque todos los que llegan aquí
se van al bote, lo hayan hecho o no. Tienes que firmar
o te matamos.»

La noche de Tlatelolco, Elena Poniatowska

Frases que hicieron historia

«¡Ah, qué *pendejo!*, esto no es la India.»

Cristóbal Colón, 1492.

«Hombres *pendejos* que acusáis a la mujer sin razón…»

Sor Juana Inés de la Cruz, 1689

«¡¿Y esta *pendejada* qué?!»

Los troyanos al recibir el caballo, siglo XII - XIII a. C.

«Ahora sólo escucho la mitad de tus *pendejadas.*»

Vincent van Gogh, 1888

«Ya valió madres, Yoko ya trae de su *pendejo* a John.»

«¡Deja de *pendejear* con esa pinche lucecita, Thomas, y ponte a trabajar.»

Señora de Edison, 1879

«¿Quién fue el *pendejo* que nos delató?»

Doña Josefa Ortiz de Domínguez, 1810

«Este *pendejo* no me pintó cejas.»

Gioconda, 1519

Colofón

Este libro fue impreso y terminado en la Ciudad de México
en el mes de septiembre de 2017.
Se formó con las familias tipográficas Centaur y Myriad Pro.

Equipo editorial

Dirección editorial: María del Pilar Montes de Oca Sicilia

Dirección de arte: Victoria García Jolly

Edición: Fernando Montes de Oca Sicilia

Edición y corrección: Bricia Martínez Martínez,
Luz Erandy Márquez Vidrio, Alejandra Santoy Sánchez

Asistente editorial: Said Robles Nájera

Diseño editorial: Jovany Cruz Flores

Asistente de diseño: Nareli Maldonado Guadalupe

Ilustraciones de horóscopos: Alejandra Hernández Mosti